Lutz Holzinger

Der produzierte Mangel

Warenästhetik und kapitalistisches Krisenmanagement

Werner Raith Verlag Starnberg

Reihe Politische Analysen
herausgegeben von E. M. Spannraft

ISBN 3–921121–43–4

Herstellung: Druckerei Fischer, 812 Weilheim;
Thomas-Buchbinderei Augsburg
Umschlag: Ursula Raith
Printed in Germany 1973

INHALT

LOHNARBEIT UND KAPITAL

Der Kapitalismus ist vom Gegensatz zwischen Kapital und Lohnarbeit bestimmt. Die private Aneignung des auf der Basis gesamtgesellschaftlicher Arbeit produzierten Mehrwerts durch Nicht-Arbeiter ist nicht nur sein Resultat, sondern auch seine Voraussetzung. Der private Besitz an den Produktionsmitteln erzwingt den Verkauf der Arbeitskraft der Besitzlosen zur Verwertung an die Besitzenden. Diese Produktionsverhältnisse unterjochen die dynamische Entwicklung der über sie hinausschießenden Produktivkräfte — welche allerdings vom Kapitalismus entfesselt wurden — und ordnen sich derart alle realen und ideellen Beziehungen der Menschen unter.

Es ist ein Ergebnis des Grundwiderspruchs zwischen Kapital und Lohnarbeit, in dem ersteres den Ton angibt, daß die Veräußerung der Arbeitskraft durch die Besitzlosen die totale Entäußerung ihrer universellen Entwicklungsmöglichkeiten nach sich zieht: Das Produkt ihrer Arbeit wendet sich gegen sie selbst. „Die Schranke des *Kapitals* ist, daß diese ganze Entwicklung gegensätzlich vor sich geht und das Herausarbeiten der Produktivkräfte, des allgemeinen Reichtums etc., Wissens etc. so erscheint, daß das arbeitende Individuum selbst sich *entäußert;* zu den aus sich herausgearbeiteten nicht als Bedingungen *seines eigenen,* sondern *fremden Reichtums* und seiner eigenen Armut sich verhält." [1])

Dieser Prozeß läuft dialektisch ab. Die Entwicklung der Produktivkräfte wird zwar zunächst vom Kapital vereinnahmt, festigt seine Herrschaft und treibt sie voran, kommt aber auch der Grenze immer näher, die durch die kapitalistischen Produktionsverhältnisse gesetzt ist. Sobald diese Grenze erreicht wird, stellen sich die Produktionsverhältnisse, die Besitzverhältnisse der kapitalistischen Gesellschaft, dem weiteren Fortschritt der Produktivkräfte entgegen. Das hat zur Folge, daß die Entwicklung entweder zum Stillstand kommt oder die ihr vom privaten Kapitalbesitz errichteten Schranken durchbricht und sich die ihr gemäßen Produktionsverhältnisse einrichtet. Vom privaten Besitz an den Produktionsmitteln und dem ihn regelnden Marktmechanismus weg vereinnahmt das „arbeitende Individuum“ das Produkt seiner Arbeit durch die Vergesellschaftung der Produktionsmittel der vergesellschafteten Produktion und ihre rationale Planung.

Das Umschlagen der kapitalistischen in sozialistische Produktionsverhältnisse ist der Entwicklung der Produktivkräfte immanent; es setzt jedoch voraus, daß diese an die Grenzen der ersteren stößt, daß also die kapitalistische Entwicklung stillsteht, das Wirtschaftswachstum, was so viel heißt wie die Akkumulation von Kapital, aufhört und somit das Kapital seine letzte Funktion als Schubkraft der gesellschaftlichen Entwicklung verliert. Hinzu können externe Faktoren kommen, die den Prozeß beschleunigen, wie das in den bereits existierenden sozialistischen Ländern der Fall war. Diese externen Faktoren hängen zusammen mit der Unfähigkeit des Kapitals, die Entwicklung einzelner Staaten in bestimmten historischen Situationen voranzutreiben. In diesem Fall wird die primäre und industrielle Akkumulation von den in kommunistischen Parteien organisierten Avantgarden des Proletariats geleitet, indem eine sozio-kulturelle Formation im historischen Entwicklungsprozeß übersprungen wird. Die sogenannten Deformationen in den sozialistischen Ländern leiten sich — ökonomisch betrachtet — zum Teil aus dieser Hilfestellung ab, welche die Partei des Proletariats unter den Bedingungen einer unzureichenden Entwicklung der Produktivkräfte einzunehmen hat.

Das Umschlagen der kapitalistischen in sozialistische Produktionsverhältnisse erfolgt nicht zwangsläufig. Die Bedingungen, welche die Entwicklung der Produktivkräfte in kapitalistischer Produktionsweise gänzlich zum Stillstand bringen, sind nicht exakt zu beschreiben. Überdies hat sich gezeigt, daß das private Kapital flexibel genug ist, um sich aus der Schlinge der drohenden Revolution zu ziehen und neuerdings ein langfristig angelegtes

Krisenmanagement zu betreiben. Den ökonomischen müssen politische Faktoren zur Seite stehen, um die Arbeitskräfte sich ihrer Macht als gesellschaftliche Gesamtarbeiter bewußt werden und um dieses Bewußtsein als die politische Perspektive einer Machtübernahme durch das Proletariat artikulieren zu lassen. Die Widerstandskraft des Kapitals, wie sie sich etwa in der Instrumentierung des Staates als seinen Agenten zeigt, wurde durch die Existenz der sozialistischen Staaten wesentlich erhöht. Theodor Prager hat auf dieses Phänomen zuerst hingewiesen, daß die Konkurrenz der kapitalistischen Länder mit den sozialistischen Erleichterungen für die Arbeiterklasse in jenen mit sich gebracht hat.[2])

Darstellung und Analyse des aktuellen Entwicklungsstandes des Monopolkapitals haben die Dialektik in der Entfaltung der Produktivkräfte zu berücksichtigen, wobei allerdings die eine Seite — nämlich ihre Vereinnahmung durch das private Kapital — im Vordergrund zu stehen hat, um daraus die Perspektiven für die Vergesellschaftung der Produktionsmittel und die rationale Planung der Wirtschaft abzuleiten, welche ihrerseits in der Entwicklung der Produktionsverhältnisse fundiert sind.

Ausgangspunkt eines derartigen Versuchs hat also zu sein der Grundwiderspruch zwischen Kapital und Lohnarbeit. Alfred Sohn-Rethel hat dies konsequent folgendermaßen formuliert: „Wo die Synthesis der Vergesellschaftung auf Tätigkeiten beruht, welche von der Produktionsarbeit verschieden und getrennt sind, nämlich in der Aneignung (ob einseitig oder wechselseitig) von Arbeitsprodukten durch Nichtarbeitende bestehen, dort herrscht Ausbeutung und Klassenherrschaft und die Scheidung von Kopf- und Handarbeit; wo hingegen die Synthesis der Vergesellschaftung als Funktion des Arbeitsprozesses selbst statthat, dort ist die Grundlage für eine klassenlose Gesellschaft und für die Einheit von Kopf- und Handarbeit gegeben, die Grundlage also für eine kommunistische Gesellschaft.“ [3]) Dabei ist mit „gesellschaftlicher Synthesis“ von Sohn-Rethel jener Moment gemeint, der den Zusammenhang aller einzelnen und Teilaktivitäten in einer Gesellschaft stiftet. Im Falle der kapitalistischen ist es das Kapital, in der sozialistischen das von der Partei vor allem auch mit Hilfe des Plans vertretene Arbeiter- und Bauerninteresse und erst in der kommunistischen kommen die Produktivkräfte, kommt der Mensch zur Selbstbestimmung. Der ihre Synthesis stiftende Gesamtzusammenhang der Gesellschaft wird zum Maß aller Dinge; es gibt keine von ihm unabhängig verlaufenden Entwicklungen — sei es des Menschen, sei es des wissenschaftlich-technischen Fortschrittes. Freilich nimmt der Mensch und der wissenschaftlich-technische Fortschritt in diesem Rahmen eine Entwicklung, die über ihn hinausweist. Hinsichtlich der auf Maschinerie beruhenden industriellen Produktion schreibt Marx: „Es ist nicht mehr der Arbeiter, der einen modifizierten Naturgegenstand als Mittelglied zwischen das Objekt und sich einschiebt; sondern der Naturprozeß, den er in einen industriellen umwandelt, schiebt er als Mittel zwischen sich und die unorganische Natur, deren er sich bemeistert. Er tritt neben den Produktionsprozeß, statt sein Hauptagent zu sein. In dieser Umwandlung ist es weder die unmittelbare Arbeit, die der Mensch selbst verrichtet, noch die Zeit, die er arbeitet, sondern die Aneignung seiner eigenen allgemeinen Produktivkraft, sein Verständnis der Natur und die Beherrschung derselben durch sein Dasein als Gesellschaftskörper — in einem Wort die Entwicklung des gesellschaftlichen Individuums, die als der große Grundpfeiler der Produktion und des Reichtums erscheint. Der *Diebstahl an fremder Arbeitszeit, worauf der jetzige Reichtum beruht,* erscheint miserable Grundlage gegen diese neuentwickelte, durch die große Industrie selbst geschaffene.“ [4])

Dieser Äußerung, welche bloß die Entwicklung der Produktivkräfte reflektiert, steht einschränkend die politische Analyse gegenüber. Diese Dialektik ist zu berücksichtigen. „Die volle Entwicklung des Kapitals findet also erst statt — oder das Kapital hat erst die ihm entsprechende Produktionsweise gesetzt —, sobald das Arbeitsmittel nicht nur formell als capital fixe bestimmt ist, sondern in seiner unmittelbaren Form aufgehoben, und das capital fixe innerhalb des Produktionsprozesses der Arbeit gegenüber als Maschine auftritt; der ganze Produktionsprozeß aber als nicht subsumiert unter die unmittelbare Geschichtlichkeit des Arbeiters, sondern als technologische Anwendung der Wissenschaft. Der Produktion wissenschaftlichen Charakters zu geben daher die Tendenz des Kapitals und die unmittelbare Arbeit herabgesetzt zu einem bloßen Moment dieses Prozesses." [5])

Es ist dem Mißverstehen dieser Doppeldeutigkeit der wissenschaftlich-technischen Entwicklung zuzuschreiben, daß gerade Autoren mit kritischer Absicht und mit Berufung auf den Marxismus zu Fehleinschätzungen der gesellschaftlichen Entwicklung kommen. Dies trifft zu etwa auf die Prager Gruppe von Wissenschaftlern um Rodovan Richta [6]), die den Führern des Prager Frühlings zu einem wesentlichen Teil die Ideologie geliefert haben. Mit dem Begriff der „wissenschaftlich-technischen Revolution" setzen diese Autoren den wissenschaftlich-technischen Fortschritt als autonome Kraft an, welche die gesellschaftliche Entwicklung notwendig vorantreibt. „Wenn wir nach dem Wesen der wissenschaftlich-technischen Revolution fragen, stellen wir zunächst fest, daß es sich um einen universellen und stetigen Prozeß der Umwandlung der Produktivkräfte des menschlichen Lebens, ihrer Struktur und Dynamik handelt, in dem die Wissenschaft zur Grundlage der gesamten Produktion wird, der komplexen Technisierung der Produktionsbasis die Tür öffnet, die Verwendung der menschlichen Arbeitskraft aus dem unmittelbaren Produktionsprozeß ausschaltet; sie setzt auf diese Weise die Kräfte des Menschen für die vorproduktiven Etappen frei, für die schöpferische Tätigkeit; sie vermittelt Bedingungen, unter denen die allgemeine Entfaltung des Menschen, seine Fähigkeiten und Kräfte zum entscheidenden Element des Zivilisationsprozesses überhaupt wird." [7])

Richta stützt sich in seinen Ausführungen zu einem wesentlichen Teil auf die Bemerkungen Marx' zum „Widerspruch zwischen der Grundlage der bürgerlichen Produktion (Wertmaß) und ihre Entwicklung selbst. Maschinen etc." in den Grundrissen.[8]) Dabei begeht er den Fehler, die Wissenschaft als wertfreien Faktor anzusetzen und aus ihrer Bestimmung durch die Produktionsverhältnisse auszuklammern. Marx hingegen insistiert wiederholt darauf, daß gerade die Wissenschaft dem Kapital zu einem Instrument der Beherrschung der Arbeitskraft wird. „Es ist ein Produkt der manufakturmäßigen Teilung der Arbeit, ihnen (den Arbeitern — L. H.) die geistigen Potenzen des Produktionsprozesses als fremdes Eigentum und sie beherrschende Macht gegenüberzustellen. . . . Dieser Scheidungsprozeß vollendet sich in der großen Industrie, welche die Wissenschaft als selbständige Produktionspotenz von der Arbeit trennt und in den Dienst des Kapitals preßt." [9]) Im Kapitalismus hat sich bis heute nichts daran geändert. Serge Mallet spricht vom „Widerspruch zwischen der Integration in eine erregende technische Umwelt, die der Mensch ganz natürlich kennenzulernen und zu beherrschen wünscht, und der Führungsstruktur, dem Preissystem und Entscheidungssystem, das fast alle diejenigen ausschließt, die zum Funktionieren dieser Umwelt beitragen, ... [10]) An anderer Stelle der Grundrisse hat es Marx selbst deutlich genug formuliert: „Die Wissenschaft, die die unbelebten Glieder der Maschinerie zwingt durch ihre Konstruktion zweckmäßig als Automat zu wirken, existiert nicht im Bewußtsein des Arbeiters, sondern wirkt durch die Maschinerie als fremde Macht auf ihn, als Macht der Maschine selbst. Die Aneignung der lebendigen Arbeit durch die vergegenständlichte Arbeit — der verwertenden Kraft oder Tätigkeit durch den für sich seienden Wert —, die im Begriff des Kapitals liegt, ist in der auf Maschinerie beruhenden Produktion als Charakter des Produktionsprozesses selbst, auch seinen stofflichen Elementen und seiner stofflichen Bewegung nach gesetzt." [11])

Richta hingegen stützt sich bei der Errichtung der Perspektiven einer neuen Zivilisation unbedarft auf einen abstrakten Fortschritt der Wissenschaft, wie er sich ohne vorangehende Aufhebung der Trennung von geistiger und körperlicher Arbeit der Arbeitskraft notwendig als „fremde Macht" gegenüberstellt. Dabei nimmt er am Stand der kapitalistischen Entwicklung Maß, wenn er in der „Konsumgesellschaft“ seine neue Gesellschaft ansatzweise antizipiert sieht. „Die Zone des massenhaften Wachstums des Verbrauchs verbreitert sich so zu einer ganzen Etappe der Gesellschaftsentwicklung und läßt eine offenbar spezifisch begrenzte, wenngleich bisher einzig existierende fortgeschrittene Variante der Anfänge der wissenschaftlich-technischen Revolution entstehen.“ [12] Ähnlich der Bewertung der Wissenschaft wird hier das „massenhafte Wachstum des Verbrauchs“ als für sich positiver Wert eingeschätzt, ohne nachzufragen, welchen Zwecken er dient und welchen Bedürfnissen er gerecht wird. Dabei steht außer Zweifel, daß die sogenannten Errungenschaften der „Konsumgesellschaft“, auf die Richta anspielt, eine Funktion der massenweisen Verschleißproduktion, also der Verwertungsinteressen des Monopolkapitals sind, deren Begleiterscheinung die Produktion von Mangel ist. Subjektiv Mangel an Konsumgütern, deren Besitz den gesellschaftlich durchgesetzten Standard einer Schicht ausmacht; objektiv der Verschleiß von Menschenleben, wie er angelegt ist im kapitalistischen Produktionsprozeß und im Fehlen von sinnvollen Einrichtungen des Massenverkehrs, der Massenbildung, der Massengesundheit usf. nur oberflächlichen Ausdruck findet. Unterschlagen werden auch die tendentiell katastrophalen Auswirkungen der fortschreitenden industriellen Massenproduktion auf die Reproduktion der Menschheit und den Bestand der Rohstoffreserven.

Dem an Wissenschaft und Technik festgemachten Kulturoptimismus der Prager Gruppe um Rodovan Richta steht in der Bundesrepublik eine kulturpessimistische Tradition der Nachkriegszeit gegenüber. Spielte sich jene gewollt zum Schrittmacher von Technokraten nach westlichem Zuschnitt in der CSSR auf, so räumte diese aufgrund eines „irrational-pessimistischen Gesellschaftsbildes, mittels dessen der Begriff des gesellschaftlichen Fortschritts und der Entwicklungsmöglichkeiten der Menschen negiert wird; . . .“ [13]) ebenfalls den Technokraten das Feld. In der zitierten Schrift setzt sich Kofler vor allem mit der Frankfurter Schule, insbesondere H a b e r m a s , sowie auch G e h l e n und S c h e l s k y auseinander. Die Abrechnung mit den im westdeutschen Geistesleben einflußreichen Strömungen kann hier nicht im Detail nachvollzogen werden. Zu einer allgemeineren Charakteristik der Kritik müssen einzelne Schwerpunkte ausreichen. K o f l e r hebt vor allem hervor, daß diese Tradition ein deterministisches Menschenbild geprägt hat. „Was hier unbefragt vorausgesetzt wird, ist nicht die bestehende Gesellschaft als solche — wenigstens in der Systematik der implizit oder explizit gesetzten Ableitungen nicht —, sondern der in einem technologischen Sinne definierte Mensch. Als solcher einmal in den Beginn der Überlegungen gestellt und in seiner technologischen Bestimmung zur anthropologischen Unwandelbarkeit verdammt, läßt sich die kapitalistische Gesellschaft gerade wegen ihrer hohen technischen Entwicklung nicht mehr anders verstehen, denn als letzter und höchster Ausfluß eines menschlichen Verhaltens, das von Anfang an technologisch angelegt ist. Die übrige und dahinterstehende soziologische Problematik, die die technische Entwicklung aus ganz anderen Wurzeln begreift, fällt aus dem Rahmen möglicher Betrachtung heraus und wird beiseite geschoben.“ [14]) Im weiteren wird das resignative Weltbild der Frankfurter Schule konstatiert: „Wie aller bürgerlichen Weltinterpretation haftet auch der Adornoschen das Omen der zwangshaften Ausweglosigkeit an. ‚Vernunft‘, sagt Adorno in der Interpretation eines Textes von Sade, ‚ist das Organ der Kalkulation des Plans, gegen Ziele ist sie neutral‘ und ‚die etablierte bürgerliche Ordnung hat Vernunft vollends funktionalisiert‘. Dieser Begriff der Funktionalisierung steht für technologische Rationalisierung: ‚Die Naturverfallenheit des Menschen heute ist vom gesellschaftlichen Fortschritt nicht abzulösen. Die Steigerung der wirtschaftlichen Produktivität, die einerseits die Bedingungen für eine gerechtere Welt herstellt, verleiht anderseits dem technischen Apparat und den sozialen Gruppen, die über ihn verfügen, eine unmäßige Überlegenheit über den Rest der Bevölkerung . . . Während der Einzelne vor dem Apparat verschwindet, den er bedient . . .'" [15]) Dazu stellt Kofler zusammenfassend fest: „. . . , es bleibt wahr, daß die Diremtion der Geschichte in Sein und Sollen jenes auf sich selbst zurückwirft und es einem naturkausalen Vollzug überläßt, in welchem der Mensch zum mehr oder weniger passiven Objekt herabsinkt. Das ideologische Resultat ist die resignative Abfindung und Setzung von Entfremdung und Verdinglichung als düsteres Schicksal, nicht weit ab vom gängigen bürgerlichen Nihilismus. Eingeübte Voten, die undifferenziert und oberflächlich von ‚Wandlungen des Kapitalismus' sprechen und daraus das Fazit der Überholtheit von Marxens ‚politischer Ökonomie' ebenso ziehen wie das der ‚Verbürgerlichung des Proletariats', werden nicht als das durchschaut, was sie ihrem ideologischen Orte nach sind, nämlich als Paradigmen für eine Geschichtsauffassung, die sich längst in die Tendenz zur Ontologisierung des kapitalistischen Verfalls zum Ewigen und Unentrinnbaren eingefügt hat. Schon sprachliche Ausdrucksformen stilistisch geglätteter Verallgemeinerung verraten die Herkunft — nicht etwa aus dem nihilistischen bürgerlichen Ideologienschatz, sondern aus der Frankfurter Schule." [16])

Wogegen Kofler sich also wendet, ist die Interpretation der Gesellschaft ohne Rücksicht auf den Grundwiderspruch zwischen Kapital und Lohnarbeit, wodurch die Technik der Naturbeherrschung in der kapitalistischen Gesellschaft als naturnotwendiger Prozeß erscheinen muß. Im Gegensatz dazu setzt gerade die Reflexion des Gegensatzes von Kapital und Lohnarbeit die Analyse dort an, wo die historische Bedingtheit der gesellschaftlichen Wirklichkeit einschließlich der in ihr eingebetteten Perspektiven ihrer Veränderung einsichtig wird.

Das grundlegende Mißverständnis, welches als Motiv hinter diesen Fehlinterpretationen steckt, besteht in der Verallgemeinerung einer Auffälligkeit der kapitalistischen Entwicklung. Das Produkt der Arbeitskraft, der von ihnen produzierte Wert und Mehrwert, wird den Arbeitern in der Maschinerie, im Automaten vergegenständlicht gegenübergestellt. Die vergegenständlichte Arbeitskraft erscheint als dem Kapital zugehörig, losgetrennt von der lebendigen auch im maschinellen oder automatischen Arbeitsprozeß angewandten Arbeitskraft. Nur aus dem Blickwinkel des Kapitals, also unter Verabsolutierung der kapitalistischen Besitzverhältnisse, hat es den Anschein, daß die Maschinerie etwa wunderbarerweise anwachse und nicht einfach vom Kapital angeeignete, in ihr vergegenständlichte Arbeit und Mehrarbeit verkörpere. „Das fact, daß in der Entwicklung der Produktivkräfte der Arbeit die gegenständlichen Bedingungen der Arbeit, die vergegenständlichte Arbeit wachsen muß im Verhältnis zur lebendigen Arbeit — es ist dies eigentlich ein tautologischer Satz, denn was heißt wachsende Produktivkraft der Arbeit anders, als daß weniger unmittelbare Arbeit erheischt ist, um ein größeres Produkt zu schaffen und daß also der gesellschaftliche Reichtum sich mehr und mehr ausdrückt in den von der Arbeit selbst geschaffenen Bedingungen der Arbeit —, erscheint vom Standpunkt des Kapitals so, nicht daß das eine Moment der gesellschaftlichen Tätigkeit — die gegenständliche Arbeit — zum immer gewaltigeren Leib des anderen Moments, der subjektiven, lebendigen Arbeit wird, sondern daß — und dies ist wichtig für die Lohnarbeit — die objektiven Bedingungen der Arbeit eine immer kolossalere Selbständigkeit, die sich durch ihren very extent darstellt, gegen die lebendige Arbeit annehmen, und der gesellschaftliche Reichtum in gewaltigeren Portionen als fremde und beherrschende Macht der Arbeit gegenübertritt.“ [17]) Die Probe aufs Exempel wird gemacht, wenn man die Frage nach dem wertschöpfenden Moment stellt. Eine auf der autonomen Entwicklung von Wissenschaft und Technik sowie deren Anwendung im Arbeitsprozeß beruhende Dynamik der Gesellschaft ist nur vorstellbar, wenn diese direkt den gesellschaftlichen Reichtum vermehren. Marx bemerkt dazu in einer Anmerkung: „Es kann sich leicht eingebildet werden, die Maschine als solche, weil sie als Produktivkraft der Arbeit wirkt, setze Wert. . . . Nicht weil sie Arbeit ersetzt, schafft sie Wert; sondern nur insofern sie ein Mittel ist, die Surplusarbeit zu vermehren, und diese selbst ist sowohl das Maß, wie die Substanz des Mehrwerts, der mit Hilfe der Maschine gesetzt; also überhaupt der Arbeit." [18]) Somit ist die wissenschaftlich-technische Entwicklung eine Funktion der gesamtgesellschaftlichen, vom Gegensatz zwischen Kapital und Lohnarbeit geprägten; die Überwindung der vorfindlichen Situation der kapitalistischen Gesellschaft, die den Produktivkräften die Fessel ihrer Produktionsverhältnisse auferlegt, erwächst nicht einem abstrakten Begriff der Wissenschaft, sondern kann nur Resultat sein der konkreten politischen Aktion des Proletariats. Die Überwindung der nach den Bedürfnissen des Kapitals zugeschnittenen Besitzverhältnisse ist angelegt im sie umgreifenden Antagonismus der Aneignung der gesamtgesellschaftlichen Arbeit durch Nichtarbeiter. Sie gelingt, wenn sich das gesellschaftliche Individuum sein Arbeitsprodukt selbst aneignet.

Einerseits ordnet der Grundwiderspruch zwischen Kapital und Lohnarbeit sich sämtliche menschliche Tätigkeiten unter; anderseits ist er der Stachel, welcher zur Überwindung dieser Produktionsverhältnisse treibt, insofern die dynamische Entwicklung der über sie hinausschießenden Produktivkräfte auch Bedingung dieser Gesellschaft ist. Ziel dieser Arbeit ist es, konkrete Erscheinungen und Entwicklungsstadien der monopolkapitalistischen Ära unter diesem Gesichtspunkt aufzuweisen.

ARBEITSÖKONOMIE VERSUS MARKTÖKONOMIE

In den ‚Grundrissen' spricht M a r x vom „Widerspruch zwischen der Produktion und Verwertung — deren Einheit das Kapital seinem Begriffe nach ist". [19]) Es ist offenkundig, daß die Krisenanfälligkeit der kapitalistischen Wirtschaft auf diesem Gegensatz beruht. Das lehrt die Wirtschaftsgeschichte der Zeit vor dem 2. Weltkrieg. Ebenso offenkundig ist, daß sich unter den entwickelten monopolkapitalistischen Bedingungen der Nachkriegszeit das Problem der Verwertungskrisen nicht mehr in der gleichen Form stellt. Kapitalistisches Krisenmanagement hat es vermocht, die katastrophalen Auswirkungen von Überproduktion/Unterkonsumtion einzudämmen. Heute stellt sich das Problem nicht mehr so sehr im Rahmen der gesamten Volkswirtschaft, als vielmehr auf der Ebene des einzelnen Betriebes. Umso schärfer tritt nun hier der Gegensatz zwischen Produktion und Verwertung, der Rationalität der Arbeitsökonomie und den Anstrengungen der Marktökonomie hervor; zumal unter Monopolbedingungen der Regulator der kapitalistischen Wirtschaft, der Marktmechanismus, zunehmend außer Kraft gesetzt ist durch Fusionen und Verflechtungen, Kartellierungen und Preisabsprachen.
Der Prozeß versteht sich aus den Gesetzmäßigkeiten der erweiterten Reproduktion des Kapitals. Der lebendigen Arbeitskraft tritt ein immer größeres Quantum an vergegenständlichter Arbeit gegenüber. Die organische Zusammensetzung des Kapitals nimmt zu, bzw. die Dimensionen des pro Arbeitskraft eingesetzten capital fixe werden ständig größer. Konkret bedeutet das, daß der Umfang der von der Arbeitskraft bedienten Maschinerie wächst, die Produktivität steigt und — damit einhergehend — die Arbeitsprozesse komplexer werden. Die Rentabilität des Kapitals, welches in Produktionsmitteln angelegt ist, setzt deren kontinuierliche Benützung voraus; andernfalls verlieren sie an Wert, ohne ihn zu reproduzieren. Gleichzeitig verringert die

Automatisierung des Arbeitsprozesses die Flexibilität der Betriebe, ihre Produktion auf Absatzschwankungen einzustellen, weil bei hoher organischer Zusammensetzung des Kapitals die Drosselung der Kapazitäten nicht von einem geringeren Bedarf an Arbeitskraft begleitet wird. Die Entlassung von Arbeitern ist unter diesen Umständen ein untaugliches Mittel, Marktschwankungen zu beantworten. Freilich ist das zentrale Problem dabei die Reproduktion des capital fixe: „Der Wert des capital fixe wird bloß reproduziert, soweit er verbraucht wird in dem Produktionsprozeß. Durch Nichtbenutzung verliert es seinen Gebrauchswert, ohne daß sein Wert überginge auf das Produkt. Auf je größerer Stufenleiter sich daher das capital fixe entwickelt, in der Bedeutung worin wir es hier betrachten, um so mehr wird die *Kontinuität des Produktionsprozesses* oder der beständige Fluß der Reproduktion äußerlich zwingende Bedingung der auf das Kapital begründeten Produktionsweise." [20]) Es existiert somit eine Dialektik zwischen Arbeits- und Marktökonomie insofern, als die erweiterte und intensivierte Produktion nicht nur eine Erweiterung, sondern auch eine Stabilisierung der Nachfrage zum Pendant haben muß. Um diesen Zusammenhang inhaltlich zu erfassen, und das heißt in diesem Falle den Zusammenhang eigengesetzlich funktionierender und dennoch aufeinander einwirkender Momente, ist es notwendig, die beiden auf ihren Begriff zu bringen.

Im Falle der Arbeitsökonomie bekommen wir es mit der Ökonomie der Produktivkräfte zu tun. Produktivkraft ist gleich Arbeitskraft. Nur sie schafft Wert und unter kapitalistischen Produktionsbedingungen den von Nichtarbeitern vereinnahmten Mehrwert. „Der Arbeiter kann natürlich nicht produzieren ohne die gegenständlichen Bedingungen der Arbeit. Diese nun sind im Kapital von ihm getrennt, stehen ihm selbständig gegenüber. Er kann sich zu ihnen als Bedingungen der Arbeit nur verhalten, soweit seine Arbeit selbst vorher vom Kapital angeeignet ist." [21]) Das capital fixe ist in dieser Hinsicht das dem Arbeiter direkt gegenübergestellte Produkt seiner vergegenständlichten Arbeit, welches aber als Teil des ihn in Dienst nehmenden Kapitals auftritt und dessen Ursprung ihm aufgrund der ebenfalls darin Gestalt annehmenden und dem Kapital subsummierten Kopfarbeit verschleiert ist. Es ist damit ein Resultat der „unbegrenzten ideologischen Macht des Tatsachenfetischismus" (Kofler), der die wissenschaftlich-technische Entwicklung zur Produktivkraft schlechthin macht, wie das bei Rodovan Richta der Fall ist. Und überhaupt ist es das Wesen der technokratischen Naivität, an die Autonomie von Wissenschaft und Technik als die zentralen Faktoren wirtschaftlicher und gesellschaftlicher Entwicklung zu glauben. Im Gegensatz zur ideologischen Begriffsfassung „wissenschaftlich-technische Revolution" sprich Sohn-Rethel angesichts der Automation konsequenterweise von der „Evolution der großen Industrie". Auf den Ursprung führt Marx selbst zurück: „Die Aneignung der lebendigen Arbeit durch das Kapital erhält in der Maschinerie auch nach dieser Seite hin eine unmittelbare Realität: Es ist einerseits direkt aus der Wissenschaft entspringende Analyse und Anwendung mechanischer und chemischer Gesetze, welche die Maschinerie befähigt dieselbe Arbeit zu verrichten, die früher der Arbeiter verrichtete. Die Entwicklung der Maschinerie auf diesem Wege tritt jedoch erst ein, sobald die große Industrie schon höhere Stufen erreicht hat und die sämtlichen Wissenschaften in den Dienst des Kapitals gefangengenommen sind; anderseits die vorhandene Maschinerie selbst schon große Ressourcen gewährt. Die Erfindung wird dann ein Geschäft und die Anwendung der Wissenschaft auf die unmittelbare Produktion selbst ein für sie bestimmender und sie sollizitierender Gesichtspunkt. ... Es erscheint hier also direkt die bestimmte Arbeitsweise übertragen von dem Arbeiter auf das Kapital in der Form der Maschine, und durch diese Transposition sein eigenes Arbeitsvermögen entwertet." [22]) Dieses Stadium war im Konkurrenzkapitalismus, wie er Marx vor Augen stand, noch nicht gegeben, sondern wurde erst mit dem Monopolkapitalismus erreicht. Erst ein hoher Grad von organischer Zusammensetzung des Kapitals macht es möglich, die Arbeitsweise der Ar-

beitskraft auf wissenschaftlicher Basis zu analysieren und ihr diese in Form von fixem Kapital gegenüberzustellen.
Die grundsätzliche Strukturänderung des Kapitals, der Wandel vom Konkurrenz- zum Monopolkapitalismus, wird durch mehrere Auffälligkeiten signalisiert. „Unter dem Phänomen des ‚Imperialismus' verstehen wir die äußeren Konsequenzen auf kapitalistischer Grundlage, die sich aus der zunehmenden Kapitalintensität der Unternehmungen oder, mit Marx gesprochen, aus der wachsenden organischen Zusammensetzung des Kapitals ergeben." [23]) Die Friktionen, welche aus dem hohen Zentralisationsgrad des Kapitals resultieren, aus der Ausdehnung der Märkte zum Weltmarkt, aus der kolonialen Ausbeutung neuer Art, aus der Notwendigkeit, die Versorgung mit Rohstoff aus dem Ausland zu sichern, und aus der Indienstnahme des technischen Fortschrittes, hatten vor allem ihre Konsequenzen in den Beziehungen der Unternehmen und der Nationalstaaten nach außen. Dabei handelte es sich also um Probleme „der marktökonomischen oder machtpolitischen Art" (Sohn-Rethel). Dieser Imperialismus versteht sich aus dem Bedürfnis der monopolisierten Kapitalien, am überlieferten Modell des extensiven Wachstums festzuhalten. Das Ziel jeder imperialistischen Nation, jedes imperialistischen Unternehmens war es, die anderen in ihre Schranken zu weisen, um selbst die dominierende Position einnehmen zu können. Es ging nicht mehr um die Erschließung neuer Länder, Märkte, Rohstoffquellen; die imperialistischen Kriege hatten vielmehr deren Neuverteilung zum Ziel.
Das extensive Wachstum der Wirtschaft beruht auf dem Einsatz immer neuer Kapitalien, die immer mehr Arbeitskräfte beschäftigen, ohne daß es zu einer wesentlichen Änderung in der organischen Zusammensetzung des Kapitals käme. Die imperialistischen Aspirationen erklären sich daraus, daß unter anderem der Bevölkerungszahl Grenzen gesetzt waren, das Arbeitskräftevolumen in den Industriestaaten erschöpft war. Da aber — vor allem in Staaten, welche keine Kolonien hatten, wie zu dem Zeitpunkt die USA und Deutschland — das akkumulierte Kapital nur mehr

zum geringen Teil extensiv eingesetzt werden konnte, bot sich die Forcierung der intensiven Faktoren zur Erhöhung des relativen Mehrwertes an. „Die zunehmende Kapitalintensität ist aber in ihren Auswirkungen auch nach innen geschlagen und hat entscheidende Veränderungen in der Struktur des Arbeitsprozesses des Kapitals nach sich gezogen. Diese inneren Konsequenzen sind nicht weniger epochaler Natur und für die tiefwirkenden Änderungen in der Produktionsweise selbst von nicht geringerer, wo nicht sogar von wesentlicher Bedeutung." [24]) Damit geben nicht mehr so sehr Quantität des Anlagekapitals und Beschäftigungsgrad in der wirtschaftlichen Entwicklung den Ton an, sondern Technik und Organisation.

Es geht also nun um die Erhöhung der Produktivkraft der Arbeit, welche in bisher nicht gekannter Intensität vorangetrieben wird. „Das Wachstum der Produktivkraft der Arbeit ist gleichbedeutend mit a) dem Wachsen des relativen Mehrwertes oder der relativen Surplusarbeitszeit, die der Arbeiter dem Kapital gibt; b) der Verminderung der zur Reproduktion des Arbeitsvermögens notwendigen Arbeitszeit; c) der Abnahme des Teils des Kapitals, der sich überhaupt gegen lebendige Arbeit austauscht gegen die Teile desselben gehalten, die als vergegenständlichte Arbeit und vorausgesetzter Wert an dem Produktionsprozeß teilnehmen." [25]) F. W. Taylor war der Pionier einer entscheidenden Produktivkrafterhöhung zu der Zeit, als das Kapital in den USA an die Grenzen seines extensiven Wachstums gestoßen war. Er begründete die kapitalistische Betriebswissenschaft, indem er aufgrund eingehender Analysen der Arbeitsvorgänge in zwei Stahlwerken Methoden ausarbeitete, welche Arbeitszeit und Kraftaufwand der Arbeiter einsparten und zu einer besseren Organisation, einem reibungslosen Ineinandergreifen der Arbeitsgänge führten. „Das Wesen der strukturellen Neuerungen knüpft sich an die Methoden, die in der Folge als Zeit- und Bewegungsanalyse (time and motion study) der einzelnen Arbeitsverrichtungen bekannt wurden. Diese Analysen zielen darauf ab, jeden individuellen Arbeitsvorgang in einer gegebenen Werkstatt so zu gestalten und zu organisieren, daß erstens die Arbeitszeit und der Kraftaufwand jedes Arbeiters zwangsgemäß zum maximalen Grad ausgenutzt werden und daß zweitens alle Arbeitsverrichtungen und maschinellen Funktionen, die den betreffenden Arbeitsprozeß ausmachen, ohne vermeidbare Zeitverluste ineinandergreifen, also zusammen ein Kontinuum der kürzesten Strecken bilden." [26])

Diese Neuerungen bewirkten tiefgreifende strukturelle Änderungen des Arbeitsprozesses, was sowohl den Einsatz der Arbeitskraft, als auch die Konstruktion der Maschinerie betrifft. Es ist die Fließbandarbeit, auf die diese Tendenz hinauswollte und in der sie auf den Begriff gebracht wurde. Die Surplusarbeit, die der Arbeiter dem Kapital entrichtete, erhöhte sich unter diesen Bedingungen aufgrund der höheren Ausbeutungsrate, die auf höherer Produktion je Zeiteinheit basiert. Auf gesamtgesellschaftlichem Niveau kam es durch die Reduktion der notwendigen Arbeitszeit pro Produkt zu Preissenkungen, was wiederum die Kosten für die Reproduktion der Arbeitskraft senkte. Und innerhalb des normalen Abschreibungsprozesses bewirkte die Erneuerung des fixen Kapitals einen Zuwachs der Kapazitäten der Maschinerie, ohne daß dadurch der Kapitalfonds zusätzlich belastet wurde. Dies hat seinen Grund darin, daß Wissenschaft und Technik immer intensiver, angewandt in den Produktionsmitteln, eingesetzt werden, ohne daß dies unbedingt zu Mehrkosten führt, weil sie auf gesamtgesellschaftlicher Basis finanziert werden. Aus der Praxis in den Betrieben geht auch heute noch hervor, daß sich viele Verbesserungen an den Produktionsmitteln aus Vorschlägen herleiten, die die sie produzierenden Arbeiter machen. Diese Quelle der Innovation kostet freilich nichts.

Taylorismus und — in seiner Weiterentwicklung — Fordismus waren die Methoden, welche eine konsequente Anwendung von Wissenschaft und Technik auf die Produktion, auf den Produktionsprozeß überhaupt, initiiert haben. Sie waren das Mittel, das es dem Kapital möglich gemacht hat, diese beiden Faktoren als

Kriterien seines Wachstums zu adaptieren. Dieser Prozeß hatte nicht, wie auch heute noch bei Rationalisierungsmaßnahmen von den Agenten des Kapitals vorgetäuscht wird, Erleichterungen für die Arbeiter zur Folge. Sein Wesen ist vielmehr die Intensivierung des Ausbeutungsgrades.

Antonio Gramsci hat dies ganz klar ausgesprochen: „Taylor drückt in der Tat mit brutalem Zynismus das Ziel der amerikanischen Gesellschaft aus: beim Arbeiter im höchsten Grade maschinelle und automatische Verhaltensweisen zu entwickeln, den alten psychophysischen Nexus der qualifizierten Berufsarbeit zu zerbrechen — der eine gewisse aktive Beteiligung der Intelligenz, der Phantasie und Initiative des Arbeiters erforderte — und die produktiven Operationen auf den bloß physisch-maschinellen Aspekt zu reduzieren. Aber in Wirklichkeit handelt es sich nicht nur um Neuheiten, sondern nur um die jüngste Phase eines langen Prozesses, der mit dem Entstehen des Industrialismus selbst begann, eine Phase, die lediglich intensiver als die vorhergehenden ist und sich in brutaleren Formen äußert.“ [27]) Mit der strafferen Indienstnahme der Arbeitskraft am Arbeitsplatz geht dem Kapital nun auch ein Licht auf über die Bedeutung des Verhaltens des Arbeiters in seiner Freizeit, in seiner Privatsphäre. Das Organisationsprinzip von Ford involviert bereits genaue Erhebungen über das Freizeitverhalten der Arbeiter. Dabei wird ihrem Sexualleben und den Formen ihrer Vergnügungen besondere Aufmerksamkeit geschenkt. Die Einführung der Prohibition etwa ist in direktem Zusammenhang mit dem Bedürfnis des Kapitals zu sehen, das intensive Wachstum zu akzelerieren. Die stabile Familie wird zur Voraussetzung der Leistungsfähigkeit des Arbeiters bei fortlaufender Rationalisierung des Arbeitsprozesses. Gramsci äußert sich dazu folgendermaßen: „Diese neuen Methoden erfordern eine starre Disziplin der Sexualinstinkte (des Nervensystems), das heißt eine Verstärkung der ‚Familie‘ im weiten Sinne (nicht dieser oder jener Form des Familiensystems) sowie Reglementierung und Stabilität sexueller Beziehungen.“ [28])

Daß das Proletariat durch Verbesserungen des Produktionssystems, die auf seinen Anstrengungen beruhen, aus seiner Zwangslage nicht befreit wird, versteht sich von selbst. Andererseits entsteht für das Kapital aber auch ein neuer spezifischer Zwang, der Zwang zu kontinuierlicher Produktion. (Daß hier die Ökonomie der Arbeit der Marktökonomie ins Gehege kommt und wie diese auf jene zurückwirkt, darauf ist weiter unten zurückzukommen.) Die Komplexheit der modernen Produktionsanlagen hat Sohn-Rethel an den Beispielen der Vereinigten Stahlwerke AG (durch Verschmelzung mehrerer schwerindustrieller Konzerne 1926 gegründet) und der Luxemburger ARBED demonstriert. „Die Rationalisierung war auf der Grundlage der sog. Verbundwirtschaft erfolgt, bei welcher die Hochofengase, die man früher in die Luft hatte entweichen lassen, nach amerikanischen Vorbildern in großen Rohrleitungen abgefangen und als Heiz- und Energiequelle in alle vor- und nachgeschalteten Werksabteilungen geleitet wurden. Keine einzige Produktionsabteilung hatte mehr eine eigene Feuerung, keine konnte außerhalb des Verbundes betrieben werden. Die Gesamtanlagen glichen einem einzigen Mechanismus, der von einem zentral gelegenen ungeheuren Schaltwerk aus durch einen Oberingenieur und zwei Assistenten überwacht und vermittels komplizierter Symbole und Lichtsignale wie ein großes Uhrwerk reguliert und in seinem vorberechneten kontinuierlichen Fluß gehalten werden konnte.“ [29])

Die Vorteile dieser Produktionsweise liegen auf der Hand, sofern die betriebsnotwendige Kapazität vermarktet werden kann. Wenn aber die Nachfrage zurückgeht, muß auch die Produktion eingeschränkt werden, um ein Absacken der Preise zu verhindern, bzw. sollten die Stückkosten der eingeschränkten Produktion herabgesetzt werden können als Antwort auf Preisrückgang. Die beschriebenen komplizierten Anlagen weisen diese Elastizität nicht auf. Ein Unterschreiten der Normalkapazität führt vielmehr zu einem sprunghaften Anstieg der Kosten je Stück. Zusätzlich ist die Einsparung von Arbeitskraft ein nahezu irrelevanter Kostenanteil angesichts der hohen organischen Zusammensetzung des Kapitals. Die Auswirkungen dieser Zusammenhänge schildert Sohn-Rethel am Beispiel der Depression: „Schon zu Ostern 1932 wurden die Anlagen der ARBED, und soviel ich weiß auch die der Vestag, abwechselnd für vierzehn Tage stillgelegt und für vierzehn Tage wieder angelassen, wobei das Anlassen mit schwierigen und kostspieligen Anlaufs- und Friktionsverlusten verbunden war. Die Generalunkosten liefen selbstredend auch während der Stillstandszeiten weiter, desgleichen erhebliche Lohnkosten für Instandhaltung etc. Es bedarf keiner umständlichen Beweisführung, um einzusehen, daß Anlagen dieser Art, wenn in solche Widersprüche verfangen, weit entfernt, Profit oder auch nur Verluste an Betriebskapital zu machen, gleich Riesenschlangen in der Kiefersperre anfingen, ihr eigenes Kapital zu verschlucken, ...“ [30])

Umfang und Dauer der Depression in der Zwischenkriegszeit erklären sich aus der Tatsache, daß es erstmals unter den Bedingungen entfalteter monopolkapitalistischer Produktionsmethoden und bei einwandfrei dominierenden intensiven Wachstumsfaktoren zu gewaltigen Verwertungsschwierigkeiten kam. Das Kapital drohte sich selbst aufzuzehren. Aus dem Dilemma gab es keinen immanenten Ausweg, wie auch jetzt noch Rekurse auf Keynes weismachen wollen. Der logischen Konsequenz einer Vergesellschaftung der Produktionsmittel und die Orientierung der gesamtgesellschaftlichen Wirtschaftsaktivitäten nach einem Plan entkam das Kapital durch die Produktion nicht reproduktiver Werte vor allem in der Rüstungswirtschaft. Es war also der Faschismus — als die politische Konsequenz des Kapitals angesichts seines wirtschaftlichen Dilemmas —, der das Privatkapital nicht nur in Deutschland, Italien usf., sondern im Weltmaßstab rettete. Die durch ihn mehr oder weniger erzwungene Kriegswirtschaft behob die Verwertungsschwierigkeiten des internationalen Kapitals. Da infolge der Kriegsereignisse nur die Vorherrschaft der USA unter den imperialistischen Ländern bis auf weiteres unumstritten erscheint, liegt das Schwergewicht der wirtschaftlichen Entwicklung überhaupt auf den intensiven Faktoren. Historisch erklärt sich die Fortgeschrittenheit der USA, Deutschlands (jetzt der BRD) und zum Teil auch Japans in der Anwendung von Technik und Organisation in der Produktion sowie die Intensität ihrer Forschung und Entwicklung vor allem aus ihrer zeitweiligen Rückständigkeit und ihrem Mangel an Kolonien. Die Wissenschaft schlüpft immer stärker in eine wesentliche Rolle des gesellschaftlichen Gesamtarbeiters. Die Entfaltung der Arbeitsökonomie auf der Basis der wissenschaftlich-technischen Entwicklung, die ihrerseits einen gewaltigen Beitrag zur Monopolbildung geleistet hat[31]), schlägt sich konkret in Zahlen nieder.

Zur Bestimmung der Produktivitätssteigerung können als Parameter herangezogen werden die Produktion, die Beschäftigtenzahl und die Arbeitszeit je Arbeiter. Waren sämtliche Faktoren im Jahre 1954 in der BRD gleich 100, so zeigt sich 10 Jahre später folgende Entwicklung: Produktion = 194,8, Beschäftigte = 129, Arbeitszeit je Arbeiter = 85,4.[32]) Dem steilen Anstieg der Produktion steht also eine vergleichsweise geringfügige Zunahme der Beschäftigten gegenüber; dies wiegt umso schwerer, wenn man den Rückgang der Arbeitszeit je Arbeiter und die Umschichtung unter den Beschäftigten zugunsten der Angestellten in Rechnung stellt. Die darin anklingenden Tendenzen, nämlich Produktionssteigerungen bei gleichbleibendem Arbeitskräfteeinsatz in der Industrie und starkes Anschwellen des Dienstleistungssektors, kommt noch viel klarer in den USA zum Ausdruck. „Ein Vierteljahrhundert hindurch, von 1914 bis 1939, bewegte sich also die Beschäftigtenzahl in der verarbeitenden Industrie um einen Höchstwert von 10,5 Millionen. In der gleichen Zeit stieg hingegen die Produktion je Arbeitsstunde um mehr als das Doppelte.“ [33]) „Zwischen 1947 und 1963 nahm die Gebrauchsgüterproduktion (durable goods), gemessen am Dollarwert von 1954, um über 72 Prozent zu, während die Beschäftigtenzahl sich bloß um 15 Prozent erhöhte. Für den Verbrauchsgütersektor (nondurables) betragen die entsprechenden Zuwachsraten 50 Prozent bei der Produktion und 3 Prozent bei der Beschäftigung.“ [34])

Aus diesen Zahlen geht die ungeheure Macht der Entwicklung

der Produktivkräfte hervor. Ihre Entfaltung und Steuerung im Sinne des Kapitals ist Aufgabe der Betriebswissenschaft. Sie versucht, die entfesselten Potenzen der Produktivkräfte unter den Hut der Unternehmer zu bringen. Deren logische Entfaltung — und dies ist der Inhalt der Arbeitsökonomie — drängt jedoch über diese Fessel, als die sich die Betriebswissenschaft versteht, hinaus, wie es sich zum Beispiel an der Vestag gezeigt hat: In einem wissenschaftlichen Gutachten, so referiert Sohn-Rethel, wurde eine Planwirtschaft als Voraussetzung ihres reibungslosen Funktionierens reklamiert. Dies erhellt, daß die Entwicklung der Produktion — zumindest unter monopolkapitalistischen Bedingungen — nicht allein eine Funktion der Warenökonomie ist, sondern auch eigenen Gesetzen gehorcht, eine eigene, das kapitalistische System überspringende Dynamik entfaltet.
Und tatsächlich erwachsen die Hauptschwierigkeiten des Kapitals aus dem Problem der Vermittlung zwischen Arbeitsökonomie und Marktökonomie. Diese ist festgemacht am Marktmechanismus, der über den Preis Angebot und Nachfrage zueinander in Verhältnis setzt. Das vom Kapital betriebene Krisenmanagement besteht aber gerade darin, die Konsequenzen dieses Mechanismus nicht zur Geltung kommen zu lassen für den Unternehmer. Dem Management der kapitalistischen Betriebe stellt sich die Aufgabe, den Ausgleich zwischen den Notwendigkeiten einerseits der Arbeitsökonomie und anderseits der Marktökonomie herzustellen. Ist erstere Ausdruck der Entfaltung der Produktivkräfte, so bringt die andere die Produktionsverhältnisse ins Spiel, an denen sich der wirtschaftliche Gesamt- und auch der Betriebsmechanismus zu orientieren hat. Die Vermittlung zwischen den beiden widersprüchlichen Gesichtspunkten kann unter den Bedingungen gesamtgesellschaftlicher Produktion und privater Aneignung nicht reibungslos vor sich gehen. Ihr Resultat ist vielmehr eine Verzerrung, was sowohl die Logik der Arbeitsökonomie, als auch die Konstruktion des Marktmechanismus betrifft. Nochmals: Der eine Aspekt nimmt Maß an den Produktivkräften, der andere an den Verwertungsbedingungen. Dabei kommen sie einander ins

Gehege. „Beide Ordnungen sind in ihrem Nebeneinander das Kennzeichen des Spätkapitalismus, beide erstrecken sich auf denselben Gegenstand, die Produktion, auf den sie ihre verschiedenartigen Normen zur Wirkung bringen. Der Leiter eines großen Werks, etwa einer elektronischen Firma oder einer Automobilfabrik, findet sich zwischen diese Normen eingekeilt, im Zweifel, welchen er folgen soll. Seine Produktionsmanager beweisen ihm unwiderleglich, daß sein Kapital zum großen Teil verschwendet ist, solange die in dem Gesamtprozeß verbleibenden Engpässe der Produktion nicht ausgeweitet, dem potentiellen optimalen Zeitmaß nicht adaptiert werden. Der Verkaufsdirektor, der bei der Beratung dabeisitzt, schlägt die Hände über dem Kopf zusammen. Er kann ja jetzt schon die anfallende Produktion zu den profitgemäßen Preisen kaum absetzen. Wenn es aber nach den betriebsökonomischen Normen zugehen soll, ist mit nahezu einer Verdoppelung des Ausstoßes zu rechnen. Der Kapitalgewinn aus den Produktionsergänzungen würde sich im Markt in Verlust verkehren. Es scheint, daß die beiden Maßstäbe ökonomischen Handelns nicht häufig in die gleiche Richtung weisen, oder wenn sie es tun, so nach keiner tieferen Logik als der des gelegentlichen Zufalls.“ [35])

Es ist keine Frage unter kapitalistischen Produktionsbedingungen, daß die rationalen Maßstäbe einer sachgerechten Produktion zurückstehen müssen hinter den Anforderungen einer irrationalen Verteilung. Um eine für das Kapital dennoch zielführende Vermittlung zwischen den beiden kontroversiellen Seiten leisten zu können, hat die Marktökonomie in Werbung, Marketing usf. bedeutende Hilfsquellen erhalten, die ihrerseits wieder zurückschlagen auf die Produktion, auf ihr Wie und Was.

ÄSTHETISIERUNG DES MARKTES
— Werbung, Marketing usf. —

Der Kunstgegenstand — ebenso jedes andere Produkt — schafft ein kunstsinniges und schönheitsgenußfähiges Publikum. Die Produktion produziert daher nicht nur einen Gegenstand für das Subjekt, sondern auch ein Subjekt für den Gegenstand. Die Produktion produziert die Konsumtion daher, 1.) indem sie das Material schafft; 2.) indem sie die Weise der Konsumtion bestimmt; 3.) indem sie die erst von ihr als Gegenstand gesetzten Produkte als Bedürfnis im Konsumenten erzeugt. Sie produziert daher Gegenstand der Konsumtion, Weise der Konsumtion, Trieb der Konsumtion. Ebenso produziert die Konsumtion die *Anlage* des Produzenten, indem sie ihn als zweckbestimmtes Bedürfnis sollizitiert.[36])

Im Kapitalismus ist es eine Funktion der Ästhetik, den realen Befund der sozialen Verhältnisse zu verdecken. Sie wird dem Bereich der Kultur zunehmend entfremdet und auf Gebiete wie Politik und Ökonomie angewendet. Die Ästhetisierung von Politik und/oder Ökonomie hat die Funktion, den Widerspruch zwischen Produktion und Aneignung des Mehrwertes zu verschleiern. Ihr Gegensatz stellt die kapitalistische Gesellschaft in Frage und wird reproduziert im Widerstreit von Arbeits- und Marktökonomie der entwickelten monopolkapitalistischen Gesellschaft. Der rationalen Entfaltung der Produktivkräfte stellen sich die Verwertungsinteressen des Kapitals entgegen. Faschismus und Konsumterror erscheinen unter diesem Gesichtspunkt als Mittel desselben Zwecks. Beide dienen der herrschenden Klasse als ein Instrument, die Emanzipation der Produktivkräfte, die Revolution des Proletariats zu verhindern. In der Reduktion des unterschobenen Privat- und Gemeinschaftsinteresses auf den Konsum ist ein Vehikel gefunden, das es zu gestatten scheint, unter den gegenwärtigen Umständen die kapitalistische Herrschaft abzusichern durch die Fetischisierung der Ware, wie das der Faschismus geleistet hat in einer potentiell revolutionären Phase durch die Fetischisierung der Politik.

„Die zunehmende Proletarisierung der heutigen Menschen und die zunehmende Formierung der Massen sind zwei Seiten eines und desselben Geschehens. Der Faschismus versucht, die neu entstandenen proletarischen Massen zu organisieren, ohne die Eigentumsverhältnisse, auf deren Beseitigung sie hindringen, anzutasten. Er sieht sein Heil darin, die Massen zu ihrem Ausdruck (beileibe nicht zu ihrem Recht) kommen zu lassen. Die Massen haben ein Recht auf Veränderung der Eigentumsverhältnisse; der Faschismus sucht ihnen einen Ausdruck in deren Konservierung zu geben. Der Faschismus läuft folgerecht auf eine Ästhesierung des politischen Lebens hinaus. Der Vergewaltigung der Massen, die er im Kult eines Führers zu Boden zwingt, entspricht die Vergewaltigung einer Apparatur, die er der Herstellung von Kulturwerten dienstbar macht.“ [37]) Im Faschismus ist es die „Ästhetisierung des politischen Lebens“, die eine Vermittlung zwischen dem objektiven Befund der Proletarisierung von Kleinbürgern und Mittelstand und deren subjektiver Selbsteinschätzung unterbindet. Trade Marks wie das Hakenkreuz, die in „Werbe“-Kundgebungen produzierte Massenhysterie und die Auflösung aller sozialen Gegensätze im Begriff Volk, der wie ein Markenartikel gehandhabt wurde, trugen dazu bei, die Produktivkräfte nicht zu ihrem Bewußtsein kommen, sondern zum falschen ihrer Beherrscher verkommen zu lassen. Da der Monopolkapitalismus wirtschaftlich bankrott gemacht hatte, mußte er sich des Faschismus bedienen, um durch die totalitäre Okkupation der politischen Macht seine Herrschaft zu sichern. Dieses Faktum wurde den neu proletarisierten Massen verschleiert durch die Ästhetisierung der Politik. Der Regreß auf „Ein Volk — Ein Führer“ ist der klägliche Versuch, die in Auflösung begriffene Innenlenkung der kapitalistischen Persönlichkeitsprogrammierung durch die veräußerlichte/gegenständliche Darstellung eines „Über-Ichs“ zu retten.

Die Kriegswirtschaft schuf dem Monopolkapital die Bedingungen für seine Genesung. Als System blieb er auch in den Verlierermächten mit ihrem direkten Faschismus erhalten. Der „Wiederaufbau" sicherte dem Privatkapital so hohe Profitraten, daß ihm aufgrund von wesentlichen Strukturverbesserungen und unter gleichzeitiger verstärkter Aktivität des Staates im Dienstleistungssektor die Errichtung der sogenannten Konsumgesellschaft gelang. Hier ist es nun die Ästhetisierung der Ökonomie, welche verhindert, daß die Lohnabhängigen ihre eigenen, anstatt die ihnen oktroyierten Interessen wahrnehmen. Die Parallele zwischen faschistischem und Konsum-Terror besteht darin, daß beide die antagonistische Konstruktion der kapitalistischen Gesellschaft verdunkeln: Jener unterschlägt den Klassencharakter von politisch-wirtschaftlicher Macht und Herrschaft, dieser unterdrückt zusätzlich, daß es der negativen Dialektik zwischen eigengesetzlich funktionierenden Produktionsautomaten und kapitalistischem Markt überlassen bleibt, Produktion und Bedürfnisbefriedigung zu manipulieren. Im Bereich der Konsumgüterindustrie hat es der Monopolkapitalismus darauf angelegt, die Konsumtion — jenseits der Marktillusion als freies Spiel von Angebot und Nachfrage — auf eine Funktion der Produktion zu reduzieren. Die Werbung leistet das Krisenmanagement, den dabei auftretenden Gegensatz zwischen Arbeits- und Marktökonomie zu glätten. Diese wird durch jene bedroht, weil Automation und moderne Produktionsverfahren in vielen Fällen keinen Spielraum lassen zur Reaktion auf Absatzschwankungen. Die anarchische Konstruktion des Marktes, der zusammengesetzte Prozeß der Kapitalverwertung macht eine rationale Organisation der Produktion unmöglich. Statt dessen versucht die Werbung den Absatz zu sichern durch die Unterdrückung der rationalen Mechanismen, welche sich auf der Seite der Nachfrage aus den Notwendigkeiten der materiellen und geistigen Reproduktion des Menschen herleiten. Die Anpassung des Konsumverhaltens an die Erfordernisse des Kapitals gelingt, wenn die gesamte öffentliche

Meinung so auf den einzelnen einwirkt, daß sich dies im massenpsychologischen Verhalten konkretisiert.
Die Lenkungsfunktionen der Werbung haben an Bedeutung gewonnen. Im Gegensatz zur früh- und hochkapitalistischen Epoche baut sie heute, psychoanalytisch gesprochen, auf der Externalisierung des Über-Ich auf. Ihr Einfluß auf den bereits zum Massenkonsum präformierten Verbraucher ist daher ungleich größer. „Dieser Vorgang der Externalisierung des Über-Ich-Systems entsprach wiederum der eigengesetzlichen Dynamik und den Erfordernissen einer industriellen Massenproduktion, deren Absatz auf dem Markt nur möglich war, wenn das Hindernis des strengen asketischen Über-Ich der puritanischen Innenlenkung aus dem Weg geräumt wurde, welches der regressiven Desublimierung und Enthemmung eines zwanghaft-süchtigen Massenkonsums im Wege stand. Das Problem wurde dadurch gelöst, daß der Massenkonsum selber zum Über-Ich, zur ersten Bürgerpflicht und zum Zeichen eines moralisch erfolgreichen Wirtschaftswunderleistungslebens erhoben wurde." [38]) Dieser Entwicklung konnte sich auch die Kulturindustrie nicht entziehen. Die Bildung relevanter sozialer und intellektueller Normen verlagert sich von der bürgerlichen Kultur auf das System der Warenproduktion und Distribution. Deren Ästhetisierung fungiert als Strahlenschild, hinter dem sich die reine Tauschwertfetischisierung unbemerkt durchsetzt. Der Markenartikel ersetzt jene „Aura", die das bürgerliche „Kunstwerk im Zeitalter seiner technischen Reproduzierbarkeit" (W. Benjamin) verloren hat.
Die monopolkapitalistische Massenproduktion ist zu ihrer Aufrechterhaltung auf Massenkonsum angewiesen, der nicht mehr dem Marktsystem von Konkurrenz- und Angebot/Nachfrage-Mechanismen gehorcht. In der sogenannten Konsumgesellschaft hat der Monopolkapitalismus ein Vehikel gefunden, um jene Hemmnisse zu überwinden, auf denen er seiner Ideologie nach aufbaut. Dem verbalen Bezug auf Phrasen wie „Freier Markt", „Wettbewerb", „Freies Spiel von Angebot und Nachfrage" steht eine Praxis gegenüber, die diese Aussagen mit ihren

Kartellen, Preisabsprachen usf. am laufenden Band widerlegt. Die Notwendigkeit dessen resultiert aus der monokapitalistischen Organisation der Produktion. Ihre Effizienz hängt ab von konstanter Kapazitätsauslastung, wie sie sinnvoll nur in einer geplanten Wirtschaft berechnet werden kann. Unvorhersehbare Nachfrageschwankungen können nicht durch eine entsprechende Umstellung der Produktionsziffern beantwortet werden, ohne daß die Kosten unverhältnismäßig stark ansteigen. Im Marketing, das der programmatischen Zielorientierung auf Betriebsebene dient, glaubt man, ein Substitut für den Plan der Gesamtwirtschaft gefunden zu haben. Das Wachstum jedes Unternehmens, die Akkumulation von Kapital auf Betriebsebene hängt von der Fähigkeit des Managements ab, eine funktionierende Vermittlungsinstanz zwischen Arbeits- und Marktökonomie zu etablieren. Diese zentrale Stabsstelle hat die Aufgabe, der rational organisierten Produktion und der irrationalen Verteilung zu steuern. Als Instrumente dienen ihr die Marktforschung, um u. a. den Produktionsrahmen nach den errechneten Absatzchancen abzustecken, und die Werbung, um die produzierten Waren auch tatsächlich zu verkaufen.

a) MARKENARTIKEL

Die profitorientierte Unternehmensführung wird erschwert durch die anarchische Konstruktion des Marktes. Das zentralisierte Kapital kann sich auf die Unwägbarkeiten dieses Mechanismus nicht einlassen, der in konkurrenzkapitalistischen Zeiten zu seiner Konzentration beitrug. Zwischen Firmen, die gemeinsam einzelne Märkte dominieren, kommt es zu Preisabsprachen, Aufgabenteilung usf., um unbekannte Faktoren aus der ökonomischen Rechnung zu entfernen. Ein Resultat dieser Entwicklung ist es, daß der Markt im traditionellen Sinn des Wortes weitgehend eliminiert wurde. Die Preisbildung hat sich von der Kostenrechnung emanzipiert. Die Knappheit einer Ware oder Dienstleistung ist kein stichhaltiges Kriterium mehr. Die Nachfrage ist vom

Korrektiv des Angebots zu dessen Sekundärfunktion verkommen. Die zunehmende Bedeutung der Markenartikel beweist es. Sie signalisieren die endgültige und totale Lostrennung des Tauschwertes einer Ware von ihrem Gebrauchswert: Der Markenartikel sucht nicht mehr einen vorfindlichen Bedarf zu decken; er schafft vielmehr die Bedürfnisse, welche durch ihn befriedigt werden. Der Markenartikel verkauft sich als einzigartiges Produkt zum Monopolpreis auch dann, wenn verschiedene Markenartikelhersteller konkurrieren, weil diese ihre Konkurrenz aus der Qualitäts-/Preis-Relation herausnehmen und ihren Werbeagenturen überantworten. „Wenn wir von Monopolpreis sprechen, so meinen wir überhaupt einen Preis, der nur durch die Kauflust und die Zahlungsfähigkeit der Käufer bestimmt ist, unabhängig von dem durch den allgemeinen Produktionspreis, wie von dem durch den Wert der Produkte bestimmten Preis.“ [39]) Dies kann beobachtet werden auf den Gebieten der Wasch- und Reinigungsmittel, der Automarken und -typen, der elektrischen Haushaltsgeräte sowie der Modeindustrie und auch an Einzelphänomenen wie papierenen Unterhosen, die keine Ausnahme, sondern die Regel monopolkapitalistischer Markenartikelproduktion sind und sie transparent machen.

Wo Mehl noch Mehl sein darf und bloß die gewiefte Hausfrau dem Gebrauchswert nach zwischen glattem und griffigem unterscheidet, trifft das auf die ebenso banalen Waschmittel nicht mehr zu. Sie werden zum Markenartikel hinauflizitiert, werden „Persil“, „OMO“ oder „Weißer Riese“ genannt und vollführen unter dieser Charaktermaske einen Salto mortale in eine Preiskategorie, über die man, würde es bei der Bezeichnung „Waschmittel“ bleiben, nur lachen könnte. Der Markenartikel stellt den Gebrauchswert, den er da und dort noch besitzen mag, unter den Scheffel seiner an der Tauschwertrealisierung orientierten Verpackung. Im Markenzeichen und der auf den Tauschwert bezogenen äußeren, zweiten Gestalt der Ware schlägt sich die Ästhetisierung des Marktes im Detail nieder. Die für den Massenkonsum produzierten Verbrauchsgüter sind nicht nur wegen der kurzen Innovationszyklen der Produktionsmittel auf Verschleiß angelegt, sondern sind zusätzlichen Wertminderungen unterworfen und zum Wegwerfen bestimmt, weil die „Ästhetik" ihrer äußeren verpackungsmäßigen Erscheinung den ständig wechselnden Strömungen der Mode folgt. „Da er Weg zu gesamtgesellschaftlicher Einsparung von Arbeit auf die Abschaffung des Kapitals hinauslaufen würde, stößt das Kapital sich jetzt an der zu großen Haltbarkeit seiner Produkte. Eine Technik, mit der auf diese Situation geantwortet wird, besteht in der Verschlechterung der Produkte, wobei die Verschlechterung in der Regel durch Verschönerung kompensiert wird. Aber selbst so halten die Gebrauchsdinge noch zu lang für die Verwertungsbedürfnisse des Kapitals. Die radikalere Technik greift nicht nur beim sachlichen Gebrauchswert des Produkts an, um seine Gebrauchszeit in der Konsumsphäre zu verkürzen und die Nachfrage vorzeitig zu regenerieren. Diese Technik setzt bei der Ästhetik der Ware an. Durch periodische Neuinszenierung des Erscheinens einer Ware verkürzt sich die Gebrauchsdauer der in der Konsumsphäre gerade fungierenden Exemplare der betreffenden Warenart. Diese Technik sei . . . als ästhetische Innovation bezeichnet." [40])

Dem Industrial-Design fällt dabei die Aufgabe zu, die technisch kaum veränderten Produkte der Verbrauchsgüterproduktion alljährlich neu einzukleiden. Opel, der westdeutsche Zweig von General Motors, ist ein gutes Beispiel. Die Automobilfirma stellt praktisch jedes Jahr ein neues Modell einer alten Type vor. Für die Besitzer der alten Autos stellen sich diese Innovationen als horrender Verlust am gesellschaftlich relevanten Tauschwert ihrer Fahrzeuge dar, mit denen sie als Rennomierobjekte ihres Status spekuliert hatten. Opel-Fahrer werden vom Industrial-Design der Firma alljährlich hinter das Licht einer Werbekampagne geführt: Es ist die „ästhetische Innovation" der Fahrzeuge, durch welche sie einerseits zum Kauf gereizt werden, die aber andererseits die Gebrauchsdauer ihrer Autos objektiv verkürzt. An dieser Stelle ist zu verweisen auf die überzeugenden Darstellungen der Indienstnahme der „menschlichen Innerlichkeit" durch die Wa-

renästhetik, die Haug geliefert hat.[41])
Im Markenartikel kündigt sich eine wesentliche Strukturänderung des Monopolkapitals und seiner Organisation der Produktion an. Er ist die Hauptwaffe seines Krisenmanagements für die Verbrauchsgüterbranchen, dem tendentiellen Fall der Profitrate entgegenzuwirken. Auf die Technik, der man sich dabei bedient, soll noch näher eingegangen werden. „In den Bemühungen der Monopolisten, ihre Verkäufe auszudehnen, ohne die Extraprofite in Gefahr zu bringen, finden wir die grundsätzliche Erklärung der ungeheuren Entwicklung, die die Kunst des Verkaufens und der Reklame, die ein eindrucksvolles Charakteristikum des Monopolkapitalismus ist, genommen hat. Diese Entwicklung nimmt viele Formen an, einschließlich des Versuchs, die Kunden durch attraktive Verpackung der Produkte usw. anzuziehen, und, was vielleicht noch wichtiger ist, sie durch fortlaufende Reklame zu beeindrucken. Aber direkte Methoden der Verkaufstechnik und der Reklame sind nur ein Teil des Bildes. Die indirekte Wirkung besteht in einer Vervielfältigung der Verteilungskanäle und einer ungeheuren Menge von Überschneidungen auf den Gebieten des Transports, der Warenlagerung und der Auslieferung der Waren. Diese Tätigkeiten sind, wie wir wissen, ein Teil des eigentlichen Produktionsprozesses. Aber nun werden sie weit über die Grenzen dessen ausgedehnt, was unter Wettbewerbsbedingungen gesellschaftlich notwendig wäre. Unter den Bedingungen des Monopols kann nur ein geringer Teil der Verteilungstätigkeit als wertproduktiv angesehen werden, der Rest ist seinem Wesen nach dem Verkaufen im strengen Sinne ähnlich und hat wie dieses die Eigenschaft Wert zu verbrauchen anstatt zu produzieren.“ [42])
Der quantitativ ständig steigende Wertzuwachs der kapitalistischen Produktion wird also nicht gesamtgesellschaftlich genutzt, er kommt nicht im geringsten der Mehrwert produzierenden Arbeitskraft zugute, sondern wird verschlungen von der Mehrwertrealisation, sofern er nicht als Superprofit in die Taschen des Kapitals wandert. Dadurch wird Mangel künstlich hergestellt, auf dem Herrschaft und Unterdrückung immer aufbauen. Die

in Österreich sogenannte Methode der „administrierten Preise" trägt dazu noch weiter bei. „Unter den Bedingungen unvollkommener Konkurrenz, wie sie für die Wirtschaft heute charakteristisch sind, können Preise und Löhne steigen, ohne daß auf den Güter- und Arbeitsmärkten ein Nachfrageüberhang vorhanden wäre. . . . Die Preisbildung erfolgt nach dem Modell der administrierten Preise (das sind Preise, die vom Anbieter für eine längere Periode festgesetzt werden und nach unten wenig flexibel sind), indem auf die auf längere Sicht erwarteten ‚normalen Stückkosten' (Lohnkosten, Materialkosten, Abschreibungen, indirekte Steuern) ein Standardaufschlag gemacht wird." [43])

b) WERBUNG

Im Pressedienst der österreichischen Industriellenvereinigung „Die Industrie" wurde am 11. 12. 1970 über ein Pressegespräch des Unilever-Generaldirektors Seifert berichtet. Seifert argumentierte für die Notwendigkeit der Werbung unter Berufung auf ein Experiment, das in Großbritannien angestellt worden war. Versuchsweise wurden Waschmittel von üblicher Markenartikelqualität, die sich freilich durch nichts auszeichnet, ohne Werbung und zu besonders günstigen Preisen auf den Markt gebracht. „Diese wesentlich billigeren Waschmittel erfreuten sich bei den Kunden kurze Zeit einiger Beliebtheit, wurden dann aber immer weniger gekauft und gerieten schließlich nahezu in Vergessenheit." Das Resüme des Unternehmers: „Dieses Experiment beweist, daß auch gute Erzeugnisse im Markenartikelbereich nicht ohne dauernde Werbeanstrengungen verkauft werden können." Indessen geht daraus nur hervor, daß das geballte Angebot verschieden verpackter, ihrer Wirkung nach aber gleichartiger Markenartikel den Käufer zwingt, Orientierungshilfen bei seiner Entscheidung zu gebrauchen, die unter den herrschenden Gegebenheiten gar nicht erlauben, an der Preis-/Qualitäts-Relation Maß zu nehmen. Für die Notwendigkeit von Werbung schlechthin sagt das Beispiel nichts aus. Würde man nämlich die Waschmittelwerbung vollkommen einstellen und die Waschmittel nicht nach Marken unterscheiden, sondern so farblos wie Mehl verpacken, müßte dennoch gewaschen und müßten Waschmittel gekauft werden; — nur mit dem einen Unterschied, daß beim Einkauf ausschließlich das Verhältnis von Preis und Qualität ausschlaggebend wäre. Übrigens machen die einzelnen Verbrauchsgüter Aufstieg und Fall ihres Markenartikelsterns mit. Gewisse Verbrauchsgüter scheiden aus der Rangliste aus, wie das seit dem Rückgang der regelmäßigen Schuhpflege bei Schuhcreme der Fall ist, andere werden von der Warenästhetik bzw. den hinter ihr steckenden Kapitalinteressen neu entdeckt, was zum Beispiel für Speiseeis und Milchprodukte (Fruchtjoghurts etc.) gilt.

Anläßlich der Konstituierung eines gemeinsamen Werbeausschusses der Industriellenvereinigung und des Markenartikelverbandes kündigte Handelsminister Staribacher an: „An Hand konkreter Beispiele soll überlegt werden, wie Werbung informativ und korrekt gestaltet werden kann, ohne deswegen an Wirksamkeit und Lebendigkeit zu verlieren." Dem um die „Entschärfung" der Werbung bemühten sozialdemokratischen Minister unterlief in dieser Formulierung der Fehler, grundsätzliche Gegensätze miteinander zu verbinden: Information und Werbung. Wenn Information auf den Gebrauchswert eines Produkts abgestellt ist, so zielt Werbung darauf, dem Konsumenten einen imaginären Tauschwert vorzugaukeln, den eine Ware als Statussymbol für ihn hat. Dies wird manifestiert im Kaufverhalten der Masse, die von Preis und Qualität spricht und gezwungen wird — jenseits von der rationalen Beurteilung dieser Relation — den gesellschaftlich kommunikablen Tauschwert zu kaufen. Er ist als Appendix der „Realabstraktion" (Sohn-Rethel) im Ideologischen verankert: „Im Austauschverhältnist der Waren selbst erschien uns ihr Tauschwert als etwas von ihren Gebrauchswerten durchaus unabhängiges." [44]) Die „two-way-communication" der Werbeleute beruht eben darauf, die Käufer nicht bloß durch einen echten Nutzen anzulocken, sondern zusätzlich Statusgewinn und steigendes gesellschaftliches Ansehen

zu versprechen. Sie operieren mit den Etiketten der außengelenkten Gesellschaft „Dazugehören“ und „Für-eine-gute-Sache-sein“. Dabei können sie sich darauf verlassen, daß ihre Spekulation mit der Anforderung an ihre Zielgruppe (in den meisten Fällen mittlere und untere Angestellte) aufgeht, die sich selbst durch den anziehenden Schein der Markenartikel am Arbeitsplatz täglich neu verkaufen müssen. „Die Werbung überträgt ihren Erfahrungs- und Kalkulationshorizont auf die Adressaten. Sie behandelt ihre menschlichen Adressaten wie Waren, denen sie die Lösung ihres Realisationsproblems anbietet. Kleidung wird beworben wie Verpackung, als Mittel der Verkaufsförderung.“ [45])
Das Vehikel der Werbung ist die Spitzfindigkeit der „Einzigartigkeit der zu verkaufenden Ware“ (unique selling proposition, USP). Darunter ist der Zwang zu verstehen, in jeder Kampagne um jeden Preis einen originellen Nutzen des beworbenen Produkts hervorzukehren. Die „Klassiker“ Rosser Reeves — er hat das USP erfunden — und David Ogelvy schwören auf diese Methode. Reeves vertritt die Auffassung, Massenkonsumartikel wie Seife, Zahnpasta, Rasiercreme, Waschmittel, Bier, Erfrischungsgetränke usf. seien zwar immer von gleicher Qualität, ein erfinderischer Werbemann müsse aber trotzdem — darin besteht diese Kunst — einen derartigen USP ausknobeln. Er berichtete von einer Kampagne für eine Biermarke, die er zu gestalten hatte. Reeves entdeckte, daß Bierflaschen — und zwar Bierflaschen überhaupt — vor ihrer Füllung mit Dampf gereinigt werden. Er reklamierte daraufhin diesen Gemeinplatz exklusiv für sein Produkt und baute auf ihm den Werbefeldzug auf. In der Praxis verkürzt sich der USP also auf einen Roßtäuschergag. Das gleiche gilt für Ogelvys Anzeigengestaltung. In seinen ausführlichen Bildunterschriften bezieht er sich auf derartige konstruierte Produktnutzen. Um aber die Zeitschriftenleser überhaupt zur Lektüre seiner Anzeigen anzuregen, gebraucht er einen spezifischen Trick. Ein gutes Beispiel ist die Kampagne für Hathaway-Hemden, die er in den Vereinigten Staaten inszenierte. „The man in the hathaway-shirt“ mit einer

schwarzen Binde über dem linken Auge erscheint immer in außergewöhnlichen Situationen auf dem Bildteil der Anzeige — beim Kauf eines außergewöhnlichen Gewehres in einem außergewöhnlichen Spezialgeschäft, beim Bridgespiel in bester Gesellschaft oder bei der Versteigerung eines Renoirs in den Räumen eines führenden Auktionshauses. Daran zeigt sich deutlich genug, daß die Werbung nicht einen faktischen Produktnutzen in den Vordergrund stellt, sondern ganz im Gegenteil mit der Statusunsicherheit und Unzufriedenheit ihrer Zielgruppe rechnet. „The man in the hathaway-shirt" tritt als ein Mitglied der Oberen Zehntausend auf, um den Lesern der Anzeige das Gefühl zu geben, mit dem Kauf dieser Hemdenmarke nicht nur ein Kleidungsstück zu erwerben, sondern als Draufgabe eine Teilmitgliedschaft in diesem exklusiven Zirkel zu erhalten.
Die Ideologie der sogenannten Konsumgesellschaft hat es darauf abgesehen, die Statusunsicherheit und die Orientierungslosigkeit der von ihr geprägten Menschen auszubeuten. Der schöne Schein der Waren übertüncht die Mangelsituation, in der die universellen Bedürfnisse der Menschen vegetieren. „Die Werbung ist der Nährboden für den Konsum der Menschheit. Sie zeigt dem Menschen als Ziel eine bessere Wohnung, bessere Kleidung, bessere Ernährung für sich und seine Familie. Das spornt jeden einzelnen zu größeren Leistungen an" (Winston Churchill). Man müßte nur ergänzen: Freilich im Dienste des Kapitals.
Untersuchungen der Kaufgewohnheiten erhärten die Vermutung, daß viele Menschen im Konsum von massenhaft produzierten Markenartikeln einen Weg sehen, den Stellenwert ihres Status zu verbessern. Während Mitglieder der Unterschicht eher in kleinen Läden kaufen, nützen die Angehörigen der Mittelschicht in stärkerem Maß die Preisvorteile in Selbstbedienungsläden; und finanziell schlecht gestellte Käufer erwerben überproportional teure Markenartikel, während finanzkräftige die Vorteile der niedrigen Preise markenloser Artikel ausschöpfen. Freilich kristallisiert in solchen Unterschieden nicht mehr oder weniger Dummheit; es hängt vielmehr von den Formen der Meinungs-

darauf spricht die Werbebranche von der Notwendigkeit, die Verbrauchergewohnheiten zu ändern. Tatsächlich handelt es sich um die Manipulation von Produkten, für die kein Bedarf besteht außer dem Bedürfnis des Kapitals, seine Verwertungsbedingungen zu verbessern.

Die Fixierung der Menschen auf den Konsum, welche durch die Werbung erreicht wird, setzt die Klassentrennung in neuer Form fort: Einerseits kaufkräftiges Publikum und anderseits von wesentlichen „Konsumerrungenschaften" Ausgeschlossene. Dieser Gegensatz hat den systemstabilisierenden Vorteil, daß er nicht das kollektive Bewußtsein der ausgebeuteten Klasse prägen kann, weil dem Konsum eben der Charakter der Privatheit eignet und so gesamtgesellschaftliche Dimensionen verborgen bleiben. Werbung begegnet dem einzelnen als privatem; mittels der elektronischen Massenmedien gelingt ihr der unmittelbare Einbruch in seine Intimsphäre. Der privatim Angesprochene hat seinen gesellschaftlichen Bezug abgelegt, ist daher den Argumenten der Werbung ausgeliefert und muß sich, wenn sein Einkommen nicht ausreicht zur Erfüllung der oktroyierten Wünsche, als Versager vorkommen. Dabei ist die an den Metropolen festgemachte Orientierung der Werbung von Bedeutung. Die auf nationaler Ebene gestarteten Kampagnen nehmen keine Rücksicht auf die wirtschaftlich weniger oder un- bis unterentwickelten Gebiete eines Landes. Dort muß dann die Schizophrenie zwischen dem Anspruch der Werbung auf Konsum nutzloser Produkte und den eigenen Möglichkeiten und Bedürfnissen besonders kraß zum Austrag kommen. Die Diskrepanz wird aber nicht als Mangel der gesellschaftlichen Struktur, sondern als selbstverschuldet empfunden.

Werbung und Markenartikel, Markenartikel und Werbung — als die Säulen der Ästhetisierung des Marktes — haben eine neue Zielorientierung der kapitalistischen Gesellschaft bewirkt: Sie haben eine Massenkultur auf die Beine gestellt, welche keine Kultur der oder für die Massen ist, sondern ihrer Ausbeutung dienstbar gemacht wurde. Das Glück dieser Gesellschaft liegt im

fortwährenden Konsum. Das zeigt sich auch daran, daß sich niemand mehr auf andere Vermittlungsformen verlassen will als die, welche aus diesem Bereich als eingeübte Mechanismen vertraut sind. Ausdruck dieser Entwicklung ist die Politiker- und Wahlwerbung der ins System integrierten Parteien. Selbst wo der Mensch nicht Privatmann ist, sondern als Staatsbürger auftritt, begegnet man ihm als Konsumenten. Bei der Nationalratswahl am 1. März 1970 in Österreich hatten die Wähler zwischen „Kreisky und seinem Team" und einem „echten Österreicher" zu entscheiden. Der Verkaufserfolg aus dem Jahre 1966 stellte sich inzwischen als Ladenhüter heraus. Noch bei keiner Wahl zuvor hatten sich die Parteien so wenig politisch profiliert und sich so ganz auf ihre Werbeagenturen verlassen. Sie hatten eingesehen, daß sie, wenn sie schon in Aussicht stellten „Wir bauen das moderne Österreich — SPÖ", versprechen mußten, ein Konsumentenparadies zu errichten.
Werbung umgeht die Öffentlichkeit, um den Privatmann direkt anzusprechen bzw. die Dominatorin der Privatsphäre, die den Einkauf besorgende Hausfrau, direkt zu erreichen. Ihre Wirksamkeit hängt aber auch ab von einer positiven öffentlichen Meinung. Sie kann sich also nur dann richtig durchsetzen, wenn es ihr gelingt, ihre Ziele als Ziele des öffentlichen Interesses darzustellen. „Die Public Relations dient (sic) dazu, die Öffentlichkeit über Ziele zu informieren — Ziele eines Unternehmens, einer Regierung usw. Würde das nicht geschehen, würde sich die Öffentlichkeit in unserer vielschichtigen Zeit nicht einmal mehr auskennen, geschweige denn ausreichend informiert sein. Vom Manipulieren und bloßer Beeinflussung ist dabei noch gar nicht die Rede." [46]) Dementsprechend konzentriert sich die Arbeit der Public Relations Abteilungen der Industrie- und Dienstleistungsbetriebe in erster Linie auf die meinungsmachenden Journalisten. Um Vertrauensleute in den Redaktionen von Zeitungen, Hörfunk und Fernsehen zu gewinnen, werden Arbeitsessen inszeniert, vertrauliche Informationen weitergegeben, die den Redakteuren bei ihrer Arbeit zugute kommen, werden Werbegeschenke bereit-

gestellt und als Informationsreisen getarnte Urlaubsreisen organisiert.
Die Funktionalisierung der Massenmedien als Propagandisten des Konsums steht aber stärker noch mit ihrer Abhängigkeit vom Anzeigengeschäft in Zusammenhang. Darüber hinaus gestalten sie einen guten Teil des sogenannten redaktionellen Teils (Film-, Musik-, Motor-, Haushaltsseiten usf.) mit zumindest starker Unterstützung der Industrie. Dabei ist interessant, daß Motorjournalisten in der Regel nicht dem üblichen Redaktionspersonal zugezählt werden, sondern unter dem Titel der Anzeigenabteilung firmieren. Der rege Informationsfluß zwischen Wirtschaft und Meinungsmachern hat die Aufgabe, jede Kritik an den angebotenen Waren zu unterdrücken, das Konsumelend zu verschleiern. Die von den Massenmedien gemachte öffentliche Meinung darf keine Kriterien der Kritik am Konsumangebot anbieten, um das reibungslose Funktionieren der Wirtschaft zu garantieren. Dies demonstriert die enge Zusammenarbeit zwischen Motorjournalisten und Automobilindustrie.
In Tageszeitungen und Zeitschriften wird jedes neu auf den Markt geworfene Modell als Fortschritt der Technik bejubelt. Die in solchen Fällen meist nach exotischen Auslandsreisen verfaßten Berichte der Motorjournalisten — die Automobilhersteller lieben es, ihre Produkte in irischer Einöde, afrikanischer Hitze usf. vorzustellen — sprühen in der Regel vom Elan frisch getankter Ausgeglichenheit. Höchst sporadisch lassen die Autoren kritische Wermutstropfen in den Kelch ihrer Lobeshymnen fallen. Sie bemäkeln bestenfalls Kleinigkeiten wie „stark gewölbte Fenster vermitteln optischen Eindruck von Raumenge; Temperaturregelung der Heizung nicht präzise genug; Scheibenwischer und -wascher sollten gemeinsames Betätigungsorgan aufweisen; Radfederung absorbiert kurze, harte Fahrbahnunebenheiten nicht wirkungsvoll genug." [47]) Über sie sieht man gerne hinweg, wenn nur der Gesamteindruck positiv genug dargestellt wird — und wer zweifelt daran. Dem steht gegenüber, daß man bereits technisch längst in der Lage ist, wesentlich verkehrssicherere Autos zu bauen, als sie

heute angeboten werden. Darüber und über den prinzipiellen Wahnsinn des massenweisen Individualverkehrs sowie die Tatsache, daß sich die gebräuchlichen PKWs bei Unfällen in tödliche Waffen verkehren, schreiben die Motorjournalisten nur am Rande, nie aber im Zusammenhang mit der Präsentation neuer Modelle.

Neben der direkten Einwirkung der Public Relations auf die öffentliche Meinung wird sie zusätzlich durch einen Rückkoppelungseffekt der an die Privatleute adressierten Werbung beeinflußt. Werbung, nun nicht als Mittel verstanden, ein einzelnes Produkt zu lancieren, sondern als gesamtgesellschaftlich wirksame Ideologie, setzt dem sozialen Selbstverständnis neue Maßstäbe und Wertstandards. Die kategorischen Imperative des Konsums determinieren Körper und Körperpflege, Wohnung und Wohnungseinrichtung, Urlaub und Urlaubsreise, die Anzahl der Kinder und ihre Erziehung usf. Die an den einzelnen gerichtete Aufforderung, dieses und jenes zu kaufen, wenn er erfolgreich und „in" sein will, schlägt um in den von der Gesellschaft gestellten Anspruch, die und die Statusinsignien angepaßten Verhaltens habe man vorzuweisen, um überhaupt für voll genommen zu werden. Dieser Anspruch wird zementiert durch die fortwährende Produktion und Reproduktion der entsprechenden Klischees in Tageszeitungen, Illustrierten und Frauenzeitschriften, in den Programmen von Hörfunk und Fernsehen, in den Erzeugnissen der Filmindustrie: Glück heißt Konsum, Freiheit ist Konsumfreiheit.

c) VERKAUFSFORMEN

Wie der Faschismus die Politik durch ihre Ästhetisierung zuerst zur Farce, dann zum Trauerspiel gemacht hat, so läuft die Ästhetisierung der Ökonomie, wie sie im Markenartikel und in der Werbung handgreiflich wird, auf die totale Verzerrung des Marktes hinaus. Vom Regulator der kapitalistischen Wirtschaft ist er zu ihrem Zerrspiegel verkommen. Das Bild, welches er zurückwirft, enthüllt den Monopolkapitalismus als ein System, das sich sämtliche Bereiche des gesellschaftlichen Lebens unterjocht, um am Leben zu bleiben. Die von Hans Kilian angemerkte Voraussetzung des Massenkonsums, die „Externalisierung des Über-Ich-Systems“, um „das Hindernis des strengen asketischen Über-Ich der puritanischen Innenlenkung aus dem Weg“ zu räumen, findet im Bereich der Distribution ihr Äquivalent in der Veränderung der Verkaufsformen und der Kaufsituation. Dieser Wandel ist nicht Resultat strategischer Überlegungen, sondern in seinen Anfängen durch handgreifliche wirtschaftliche Notwendigkeiten erzwungen. Der Handel konnte auf die Dauer hinter der fortlaufenden Rationalisierung im industriellen Sektor nicht zurückstehen, wenn eine durchschnittliche Profitrate angestrebt war. Das Detailhandelskapital hat etwa in der Form der Selbstbedienungsläden eine Möglichkeit gefunden, sich nicht nur selbst aus der Patsche einer sinkenden Profitrate zu ziehen, sondern auch der ästhetisierten Ökonomie und ihren Markenartikeln zum Durchbruch zu verhelfen.

Im traditionellen Greißler-Krämer-Tante-Emma-Laden beschränkt sich der Kaufmann in der Regel noch immer darauf, durch den Verweis auf den — inzwischen immer fragwürdiger werdenden — Gebrauchswert eines Produktes seine Waren abzusetzen. Der Ladentisch fungiert als Bollwerk, der den direkten Zugriff der Käufer verhindert, die Besitzverhältnisse klarstellt. In solchen Läden wird die Selbstbedienung durch die Kundschaft als Eingriff in die Hoheit des Verkäufers gewertet. Die klare Gegenüberstellung von Sachautorität und Autorität des Geldes, von Kaufmann und Kundschaft, wobei der Bediente nie ganz das Gefühl los wird, „bedient“ zu werden, hemmt die Kauflust der Konsumenten, mit der die Ästhetisierung des Marktes spekuliert. Wo die massenmediale Werbung das Image der Markenartikel in das kollektive Unbewußte einer Nation einpflanzt und sich die Konkurrenz gleichartiger Produkte auf die Durchschlagskraft ihrer Werbeagenturen beschränkt, muß dem Käufer der direkte Zugang zum Warenangebot — wie das in den Selbstbedienungs-

läden der Fall ist — offenstehen. Die Souveränität des Kunden setzt sich voll durch als demokratisches Prinzip, das ihn erst wirklich zum König macht, wenn er ohne jede vermittelnde Instanz, also frei, wählen kann unter den angebotenen Waren. Freilich hat die „freie Wahl“ im SB-Laden bloß Scheincharakter. Tatsächlich ergreift nicht der Käufer Besitz am Markenartikel, sondern umgekehrt — der Markenartikel eignet sich einen Käufer an. Für den Fall des Kaufes eines bestimmten Produktes wird dem Konsumenten nicht bloß ein Gebrauchswert in Aussicht gestellt: vielmehr wird er mit dem Versprechen eines Statusgewinnes angelockt. Der Vorwand, dem Käufer einen doppelten Nutzeffekt zu gewähren, erlaubt es dem Kapital, sich überproportionale Tauschäquivalente anzueignen, an denen das fungible Handelskapital in Form von spezieller Preisgestaltung und Rabatten partizipieren darf. Dieser materiellen steht die ideologische Seite gegenüber, daß der Markenartikel den Verbraucher in Beschlag nimmt — dieser wird von jenem abhängig; für jeden Neu-Wagen-Besitzer ist die Beschädigung seines Autos beispielsweise eine Katastrophe.
Der Krämer schreibt jeden Posten auf den Rechnungszettel. Das erinnert beim Einkauf fortwährend an die abschließend zu leistende Zahlung. Im SB-Laden verleitet hingegen die offene Anordnung des Warensortiments zum spontanen Zugriff, der von solchen Verunreinigungen der Kauflust nicht tangiert wird. „... auch die Manipulation der Kundschaft, früher im Verkaufsgespräch unvermittelt ausgeübt, wird nun in recht raffinierten Methoden der ‚Konsumentenpsychologie‘ eingepackt. Alle Mittel der Überredung und Demonstration werden dabei eingesetzt, an erster Stelle graphische. Um die Selbstbediener zu ‚Impulskäufen‘ anzureizen, die nach Ansicht von Experten mindestens 50 Prozent des ganzen Einkaufs ausmachen, wird das Sortiment möglichst so offeriert, daß dem Kunden jene Artikel in die Augen springen, die er nicht unbedingt braucht. Lebenswichtige Waren wie Brot und Kartoffeln treten in den Hintergrund und müssen meist mühsam aufgespürt werden. Die Strategen der Konsumenten-

psychologie sind sich darin einig, daß etwa die Frischfleischabteilung als stärkster ‚traffic puller' in den Hintergrund des Ladens gehört, ‚damit der Kunde möglichst am ganzen Sortiment vorüber muß'. Sie achten auch darauf, daß schwere Waren nicht am Anfang des Kundenweges aufgestellt werden, damit besonders Frauen das schwere Gewicht im Korb nicht mit dem Verzicht auf weitere Käufe quittieren. Dafür sollten geschickt plazierte Gondeln mit ‚Sonderangeboten' an taktisch günstigen Orten (Kasse) zu spontanen Käufen verführen. Die ‚geheimen Verführer' haben die bescheidene Rhetorik des alten Kaufmanns weit überboten. Der Kaufzwang ist indirekter und zugleich massiver geworden. Eine Fichtesche Phrase variierend könnte man sagen, der neuen Freiheit Zweck sei Zwang." [48]) Die Funktionalisierung der Selbstbedienung im Sinne des Kapitals läßt die Vorteile der Distributionsform nicht zum Tragen kommen, die Aufhebung des Verkaufens als Bedienen, den klaren Überblick auf die angebotenen Waren, die mögliche Rationalisierung des Einkaufs usf. Statt dessen spekuliert man mit der Manipulation der Konsumenten: Markenartikelhersteller, Werbung und Verkauf spielen einander gegen die Käufer in die Hände. Der Zweck der Illusion eines „freien Zugriffs" zu den Waren, des ausgeklügelten und überwölbenden Warenangebots erfüllt sich, wenn es ans Zahlen geht: An der Kasse. Sie muß stimmen und stimmt auch — nicht für den Verbraucher, sondern für den Laden und seine Lieferanten.

Es besteht ein enger Zusammenhang zwischen dem sprunghaften Anstieg der Markenartikelproduktion und der Entwicklung der Verkaufsformen. Man rechnet mit einer ständig dynamischer werdenden Entwicklung der Sortimente, ihrer Erweiterung und Differenzierung. Bis zum Jahr 1980 sollen allein im Sektor der Lebens- und Genußmittelproduktion wenigstens 10 000 bis 12 000 neue Artikel hergestellt und auf den Markt gebracht werden. „Sie erfordern größere Verkaufseinheiten wie Großraumläden, Supermärkte und SB-Warenhäuser mit wachsender Anlagen- und Kapitalintensität. Der daraus erwachsende Zwang zur

Umsatzkonzentration verschärft den Wettbewerb. Zum anderen stößt der Warenhandel auf zunehmende Konkurrenz im wachsenden Sektor der Dienstleistungen (Freizeit, Bildung, Kultur). Diese Entwicklung wird den gewaltigen Prozeß der Kooperation und Konzentration im Unternehmensbereich in einem bisher noch nicht völlig abzusehenden Ausmaß weiter vorantreiben." [49]) In der Monopolbildung und — damit verbunden — der Aufhebung der direkten Konkurrenz durch Preisabsprachen, Gebiets- und Aufgabenteilung folgt die Distribution der Produktion hinterher.

Als ein wesentliches Handicap des Handelskapitals werden die hohen Personalkosten angesehen. Sie machen 50 bis 60 Prozent der Gesamtkosten aus. Hier setzen die Strategen zur Rationalisierung und Automatisierung des Handels ein, um Personalkosten einzusparen und die Arbeitsproduktivität zu erhöhen. Dabei wurden schon gewisse Erfolge erzielt: „Der Personalstand wurde (in den letzten Jahren) weit weniger stark ausgeweitet als die Verkaufsfläche, die Geschäftsausstattung und der Warenbestand." [50]) Welche zentrale Rolle aber auch in diesem Prozeß die Marktästhetik spielt, geht aus der Warnung des Autors hervor, dem Publikum die technischen Veränderungen spüren zu lassen, sofern sie nicht dem unmittelbaren Wohl der Käufer zugute kommen. „Statt die Kunden mit der ‚kalten Technik' zu konfrontieren, wird noch weit mehr getan werden, um ihnen durch Investitionen in Ausstattung und Einrichtung den Aufenhalt im Geschäft so angenehm wie möglich zu machen. Automatische Türen, Klimaanlagen, Rolltreppen sowie hochentwickelte optische und akustische Systeme (zur Überwachung der Kundschaft — L. H.) gehören heute in jedes Warenhaus." [51])

Der Selbstbedienungsladen treibt den kapitalistischen Freiheitsbegriff auf die Spitze bzw. bringt er ihn zu sich selbst. Seine Grundlage ist das Geld. Für Geld kann man alles haben. Die damit erzielbare Freiheit verkürzt sich freilich auf die „freie" Auswahl. Sie besteht darin, daß jeder Käufer zwischen Produkten wählen kann, die in ihrer äußeren Erscheinung unterschieden,

inhaltlich aber identisch sind. „Wenn der Konsumterror ablenkt vom Leben, dann geschieht das durch die Anbindung der Wunschvorstellungen an ein Mehr als das, was man haben kann. Dieses Surplus verführt, absorbiert die Wunschvorstellungen. Wer in einer weniger schönen Gegend wohnt mit weniger schönen Geschäften, wird automatisch in seinen Wünschen hingelenkt auf die Straßen mit der schönen, variationsreichen Architektur, mit den Geschäften, die das schöner gestaltete Angebot zeigen." [52])
In den Automaten und den Automatenläden kommt die abstrakte Tauschform vollends zu sich. Das Geld muß zuerst auf den Tisch bzw. in den Schlitz, damit einem das Recht zu wählen eingeräumt wird. Die Ware wird erst ausgehändigt, wenn sie schon gekauft ist. Wieder anders ist die Struktur des Verkaufs der Versandhäuser per Katalog. Hier muß der Käufer seine Auswahl nach den idealisierten Abbildern der äußeren Erscheinungsweise der Waren treffen, ohne sie überhaupt probieren und prüfen zu können. Sobald die Postkarte ausgefüllt und in den Postkasten gewandert ist, beginnt das Warten, das Warten auf den Briefträger. Tage später folgt er nach Aushändigung der Nachnahmegebühr den Karton mit den bestellten Artikeln aus. Die totale Zertrennung des Kaufvorganges in einzelne, zeitlich weit auseinanderliegende Sequenzen zieht nach sich, daß der Käufer das Gekaufte erst in die Hände bekommt, wenn der Tauschprozeß längst abgeschlossen ist. Und es ist nicht einmal der Weihnachtsmann Herr Neckermann oder einer seiner Agenten, der kassiert, sondern der beamtete Postbote. Bei Reklamationen muß der umständliche Weg von vorne begonnen werden. Das Publikum der Versandhäuser rekrutiert sich aus der Bevölkerung der Kleinstädte und Dörfer, aus Regionen also, in denen das lokale Handelskapital nicht finanzkräftig genug ist, um ein reichhaltiges Warensortiment anzubieten, und in denen es sich für Warenhausketten nicht lohnt, eine Filiale zu gründen. Das Versandhaus erfüllt damit die wesentliche Funktion, in unentwickelten Gebieten die Normen der Konsumgesellschaft einzupflanzen.
Produktion und Distribution sind aufeinander bezogen: Die Ent-

wicklung der Produktion führt zu einer Steigerung der Lohnkosten, sofern ein Teil der relativen Mehrwertsteigerung als Ergebnis von Lohnkämpfen den Arbeitern zugute kommt, und zwingt damit auch das Handelskapital zur Rationalisierung. Das Resultat dieses Prozesses ist die Entfaltung der beschriebenen Verkaufsformen, die ihrerseits der entwickelten Markenartikelproduktion zum Durchbruch verhelfen. So wird die zum Massenkonsum bestimmte Verschleißproduktion weiter vorangetrieben. Der massenweise Konsum wird durch SB-Läden, Automatengeschäfte und Versandhäuser wiederum verstärkt; er verselbständigt sich und wird zum Inhalt des kapitalistischen Freiheitsbegriffes. Werbung und Massenmedien betreiben die Vorstellung, Leben sei Konsum und Konsum verschaffe Status: Der Mensch als das Produkt der angebotenen Markenartikel. Er verkürzt sich dem Kapital also auf zwei Funktionen; einerseits auf die Mehrwert produzierende Arbeitskraft, andererseits auf den Konsumenten der auf dem Markt angebotenen Waren. Es ist das Hauptresultat der Ästhetisierung des Marktes, daß dies nicht offenkundig wird. Vielmehr darf sich die Konsumgesellschaft als Paradies gebärden, das die gesellschaftliche Wirklichkeit ebenso aus dem Bewußtsein der Menschen verdrängt wie ihre universellen Fähigkeiten. „Den für den individuellen Konsum zugänglichen Waren wächst die ihnen an sich inadäquate Bedeutung zu, ein größtenteils in Lohnsklaverei verbrachtes Leben mit einem Sinn zu versehen, für den es sich lohnt.... Je irrationaler von der Klassenlage her das erzwungene Opfer sinnlich-sinnhafter Ansprüche ist, desto wichtiger für die Stabilisierung wird die Belohnung in Warenform. Die Stabilisierung ist nur möglich, weil hier Naturkraft gegen Naturkraft gerichtet ist, indem beherrschte Sinnlichkeit die Beherrschung der Sinne abstützt." [53])

Der Arbeitsökonomie als Ökonomie der Produktivkräfte, die im Kapitalismus nicht zu sich kommen können, weil der lebendigen Arbeit die vergegenständlichte in Form von technisch immer höher entwickelter Maschinerie als fremd und sie beherrschend gegenübergestellt wird, steht die Marktökonomie gegenüber; diese ist bezogen auf die Produktionsverhältnisse. In seiner ersten Entwicklungsphase fand das Industriekapital im Marktmechanismus seinen fungiblen Regulator, der gleichzeitig den Fortschritt zur höheren Form erlaubte. Die Geschichte des Kapitals ist geprägt von den vielfältigsten Ausdehnungen unternehmerischer Aktivitäten in Blütezeiten und ihrer Straffung unter dem Joch der großen zentralisierten Kapitalien in den Verwertungskrisen. Der fortschreitende Prozeß der Kapitalkonzentration setzt den Marktmechanismus zunehmend außer Kraft. Es liegt unterdessen im Interesse des großen Kapitals, den Marktmechanismus nur gelten zu lassen, soweit er die Zentralisation weiter voranzutreiben im Stande ist; für seine eigenen Bedürfnisse sucht es, ihm zu entgehen und ihn zu ersetzen durch die Ästhetisierung des Marktes. Konsequenterweise ist sie Hauptgegenstand der Marktökonomie. Ihr Wirkungsfeld beschränkt sich indessen nicht auf die bereits dargestellten Bereiche, also auf die Einwirkung der Unternehmen auf Distribution und Konsumtion, sondern bezieht auch die Organisation der Betriebe selbst mit ein.

d) MARKETING

Die Zentralisation des Kapitals bringt die Errichtung immer größerer Produktionseinheiten mit sich. Das erklärt nicht nur die sinkende Bedeutung des Marktmechanismus, sondern drückt sich in neuen Realisationsproblemen aus. Würde ein Großbetrieb heutzutage die Steuerung des Umfangs seiner Massenproduktion dem klassischen Regulatur überlassen und sich nicht auf vorher erforschte Daten stützen, wäre sein Fiasko schon besiegelt, wenn die Marktlage in klaren Informationen zu Tage tritt. Das komplizierte Instrumentarium der modernen kapitalistischen Betriebsführung bringt es mit sich, daß eine immer größere Anzahl von Angestellten mit dem Problem der Mehrwertrealisierung befaßt wird. Die Mehrwertsrealisierung ist der zentrale Gesichtspunkt aller betriebswissenschaftlichen Anstrengungen; an ihm wird auch die Mehrwertproduktion ausgerichtet. Die den Angestellten übertragenen Leitungs- und Lenkungsaufgaben machen transparent die Absurdität des Privateigentums an den Produktionsmitteln. Gerade deswegen ist das Kapital gezwungen, Mittel und Wege der Personalführung zu suchen, die diesen Widerspruch zudecken. Das gelingt, wenn die Kontrolle der Angestellten verschärft und dadurch das Faktum ihrer Abhängigkeit vom Unternehmen unterstrichen, gleichzeitig aber auch die Überlegenheit ihres Status gegenüber den Arbeitern betont wird. Ein Teil des akkumulierten Kapitals wird unproduktiv in den ständigen Aus- und Umbau der Betriebsbürokratie gesteckt, um den für den Monopolkapitalismus charakteristischen Antagonismus zwischen Arbeits- und Marktökonomie zu glätten. Ein funktionierendes Marketingkonzept leistet sowohl den Ausgleich von arbeitsökonomischen Notwendigkeiten der gleichmäßigen Kapazitätsauslastung und marktgerechter Produktion, als auch die Konditionierung der Angestellten als abhängig von Gedeih und Verderb „ihrer" Firma. „Marketing ist ein totales Firmenkonzept. Kein Mitarbeiter, keine Funktion kann davon ausgespart bleiben." [54])

Marketing ist motiviert durch das gewandelte Selbstverständnis der monopolkapitalistischen Konkurrenz. Sie wurde in die Werbung abgesiedelt und teilweise ersetzt durch die Anstrengung rivalisierender Firmen, sich den Markt nicht streitig zu machen, sondern ihn zu erweitern. Es sind immer wieder die Krisen, in denen sich der Kapitalismus modernisiert: „Erst in der Rezession des Jahres 1949 setzten Arbeiten ein, die man den Beginn des Marketings in den USA bezeichnen könnte." [55]) Zunächst erscheint es notwendig, die Auswirkungen dieser Methode vor allem auf die Menschen zu analysieren, welche ihr unterworfen sind, und nicht so sehr ihre wirtschaftliche Effizienz.

Marketing hat eine profitmaximierende Betriebsführung zum Ziel, die sowohl auf der Manipulation der Verbrauchergewohnheiten, als auch der Produktion beruht. Um dieses Ziel erreichen zu können, ist unter anderem die Beeinflussung der Betriebsangehörigen Voraussetzung, deren Selbstverständnis zunächst an der Rationalität der Arbeitsökonomie Maß nimmt. Marketing entwirft für sie statt dessen ein „totales Firmenkonzept“, dem sie sich einpassen oder dem sie angepaßt werden. Wird die Konsumtion der Produktion untergeordnet und beim Kauf die Preis-/Qualitäts-Relation außer Kraft gesetzt, so werden die Arbeiter und die den Mehrwert mitrealisierenden Angestellten von der Orientierung an den Arbeitsprozessen und ihrer im Ansatz enthaltenen Rationalität getrennt. Ein Techniker, der kostensparende Verfahren entwickelt oder etwa ein universelles Küchengerät konstruiert, muß es der Betriebsführung überlassen, ob diese Errungenschaften an die Konsumenten weitergegeben werden. Organisatorisch wird dem gesteuert durch die Gegenüberstellung einer technischen und einer bürokratischen Intelligenz. Jene muß sich auf ihr Fachidiotentum beschränken, wobei unterstellt wird, sie verstehe nichts von „der“ Wirtschaft, während diese die Belange der Marktökonomie wahrnimmt. Dabei wird das Unternehmerinteresse verschleiert und dargestellt als wertfreier wirtschaftlicher Sachzwang. So hält nicht das Kapital die technische Intelligenz im Zaume, sondern die von ihm beauftragte Verwaltungsbürokratie. Das Ergebnis dieser Gegenüberstellung ist, daß nicht Gehaltsabhängige dem Kapital direkt gegenüberstehen; vielmehr weisen Angestellte andere Angestellte in die Schranken. Es ist überhaupt eine grundlegende Technik des Marketings, Angestellte aller Stufen stärker in die in ihrem Rahmen unumstößlich festgelegte Entscheidungsfindung und Beschlußfassung zu integrieren, um die Leute Kapitalinteressen vertreten zu lassen, die keines besitzen. So wird auch die Logik der massenweisen Produktion von Verschleißgütern für den Verbrauch der Massen nicht in Frage gestellt, weil — anerkanntermaßen — der ununterbrochene Massenkonsum Voraussetzung für die Aufrechterhaltung der Massenproduktion ist.

Die Intention des Marketings hat sich in der Personalführung dann vollkommen durchgesetzt, wenn die kritiklose Unterstützung der Unternehmensziele zum Kriterium innerbetrieblichen Integrationsvermögens und des persönlichen Erfolges der Angestellten geworden ist. Das sogenannte Leistungsprinzip der kapitalistischen Betriebswissenschaft zwingt sie, das Unternehmer-Denken zu verinnerlichen. Der Erfolg des Betriebs wird zur Richtschnur ihrer Selbsteinschätzung; ihr Nutzen für das Kapital wird daran gemessen, in welchem Ausmaß sie zur Realisierung des Mehrwertes beitragen. (Den Kriterien einer objektiven Erhebung des wirtschaftlichen Erfolges der einzelnen Abteilungen, aus denen sich ein Betrieb zusammensetzt, gelten die Anstrengungen eines wesentlichen Teiles der bürgerlichen Betriebswissenschaft. Sie kann dabei nur am Preissystem Maß nehmen und kommt dadurch ins Dilemma, für die Produktionseinheit insgesamt bedeutsame, in Preisen aber nicht ausdrückbare Leistungen nicht definieren bzw. berechnen zu können.) Im Angestelltensektor bleibt aber der Erfolg des einzelnen eine irreale Abstraktion, weil die Anstrengungen, auf denen er beruht, auf kollektive Arbeit zurückgehen. Empirisch wird er also nur faßbar als Höherklettern einzelner Personen auf der Stufenleiter der Betriebshierarchie. Die Betriebsleitung nimmt daher bei der Bewertung ihrer Entscheidungen auf lange Sicht an ihren vorhergehenden Entscheidungen Maß; und auch die betroffenen Angestellten können sich nur daran messen, ob sie nun Erfolg haben oder stagnieren, also Versager sind. Die Widersprüche des Kapitals werden in das falsche Bewußtsein des Individuums abgedrängt.

Die Marketingabteilung ist in der Regel die höchste, der Firmenleitung direkt unterstellte Stabsstelle. Werbe-, Verkaufs- und Produktionsleitung sowie die wissenschaftlich-technische und Markt-Forschung sind ihr unterstellt. Der Marketingstab sammelt sämtliche verfügbaren Informationen über die Aktivitäten der verschiedenen Abteilungen und versucht sie so anzuordnen, daß sie eine zielführende Grundlage für alle Entscheidungen der Firmenleitung darstellen. De facto wird darin ein Ersatz für rationale Planung gesucht; es gelingt aber bloß eine Programmierung der Einzelaktivitäten auf ein umrißartig festgelegtes Gesamtziel hin. Marketing versucht, den Umfang von Absatz und Produktion vorherzubestimmen und leitet daraus die Produktions- und

Arbeitsnormen für jede Abteilung ab. Für die Effizienz des Marketings ist die Organisation der gesamten Betriebsbürokratie nach dem Prinzip der Stabsstellen Voraussetzung. Dies garantiert eine reibungslose Vermittlung von Leistungserwartung und Leistungserfüllung, von Zwang und Anpassung.

Wenn das Gesamtsystem funktioniert, ist jeder Angestellte einer ständigen Leistungskontrolle und damit einem enormen Leistungsdruck ausgesetzt. Der dahinter stehende Zwang ist in der Konstruktion der einzelnen Arbeitsgruppen angelegt. Gleichgestellte Angestellte haben jeweils parallele und miteinander vergleichbare Aufgaben zu erfüllen. Bei ihrem unmittelbaren Vorgesetzten haben sie sich mit Erfolgen auszuweisen, die durch die Erfolge ihrer Arbeitskollegen relativiert werden. Damit wird konsequent ein bedingungsloses Konkurrenz- und „Leistungs-" Denken oktroyiert. Die einzelnen Abteilungsleiter sind ihrerseits abhängig von der zielführenden Arbeit ihrer Untergebenen, weil sie wieder einer höheren Stabsstelle verantwortlich sind und an der Arbeitsleistung der Abteilungen ihrer Kollegen gemessen werden. Die Organisationsweise der Betriebe in größere Arbeitseinheiten und kleinere Arbeitsgruppen ändert sich fortwährend. Es kommt immer wieder zu Umstrukturierungen, die sowohl die hierarchische Ordnung neu festlegen und die Aufgabengebiete sowie das Ausmaß der Entscheidungsfreiheit der Angestellten verändern. Das hält die Betroffenen in Bewegung, sie können sich ihrer Position nie ganz sicher sein und werden ständig wechselnden Kontrollschemata unterworfen. Hauptziel der von den Marketingleuten ständig umstrukturierten Organisation des Angestelltensektors im Betrieb ist die Verschleierung des komplizierten Systems, welches vordergründig die Eigeninitiative der Angestellten mit dem Schein von Entscheidungsfreiheit anregt und sie hinterrücks fortlaufenden Kontrollen und Gegenkontrollen unterzieht. Die bürokratische Leitung glaubt die Effizienz des für sie lebensnotwendigen Informationsflusses nur dadurch sichern zu können, daß jeder einzelne Arbeitsvorgang nach fest umrissenen Schablonen abläuft. Dieses aufgezwungene Denken in Schablonen verselbständigt sich naturgemäß. Mitarbeiterkonferenzen beschränken sich in vielen Fällen darauf zu überprüfen, ob die einzelnen Mitarbeiter über die vom Arbeitsgegenstand notwendigerweise abstrahierten Minimaldaten verfügen. Autoritäre Betriebsführung setzt dieses komplizierte und mit erheblichen Reibungsverlusten verbundene Modell zur Meinungs- und Entscheidungsbildung voraus, um einigermaßen effizient arbeiten zu können. Es verhindert aber gerade sachgerechte Entscheidungen auf unterer Ebene und reduziert die Angestellten zu Befehlsempfängern. Dies wird ausgeglichen durch eine Reihe von „Vergünstigungen", die innerhalb der Normen der sogenannten Konsumgesellschaft geeignet sind, das Selbstwertgefühl des Personals zu erhöhen. Die sich darin äußernde Strategie baut auf der starken Differenzierung der Positionen auf, die im Betrieb erreicht werden können. Sie ist orientiert an den Prinzipien der Ästhetisierung des Marktes, durch äußeren Schein Sachverhalte zu verschleiern. Im Angestelltensektor findet die Marktästhetik ihren natürlichen Anwendungsbereich.

So sind zum Beispiel Ausstattung und Einrichtung der Arbeitsplätze der Angestellten jeweils auf die Position abgestimmt, die ihr Benützer in der Betriebshierarchie einnimmt. Die Sesselproduktion hat sich darauf eingestellt und bietet ein differenziertes Produktionsprogramm an. Es reicht von der schlicht aus Holz gebauten Sitzgelegenheit für den Büroboten bis zum dick gepolsterten, lederbespannten Mehrzweck-Wippstuhl der führenden Manager. Worauf man als Angestellter am Arbeitsplatz sitzt, hat man sich selbst bzw. der eigenen Leistung, dem persönlichen Erfolg zuzuschreiben. Werden doch immer wieder Fälle aufgerollt, in denen es schon so mancher vom Lehrling zum Generaldirektor eines Unternehmens gebracht hat. Ähnlich sieht es beim Essen aus. Sobald man hoch genug geklettert ist auf der Stufenleiter des innerbetrieblichen Erfolges, liegt für einen eine eigens gekennzeichnete Tuchserviette am Speiseplatz in der Kantine bereit. Weniger Erfolgreiche müssen mit einem papierenen Mundwisch das Auslangen finden. Großbetriebe bieten noch mehr:

Nach ihrem Status getrennt, werden den Angestellten zur Einnahme ihrer Mahlzeiten fünf oder mehr solide oder weniger solide eingerichtete Speisesäle verschrieben. Der persönliche Erfolg wird ablesbar am Sprung aus der schäbigeren in die gediegenere Kantine. Diese Diffenzierung wiederholt sich auf dem Parkplatz des Betriebs. Niemand darf sein Auto abstellen, wo gerade ein Platz frei ist, sondern jeder hat sich an das Feld zu halten, das ihm seiner Stellung nach zukommt. Verschiedenfarbige Markierungen ziehen auch hier die Grenzen nach der Staffelung der Positionen. Je weiter einer gekommen ist, desto näher zum Eingang darf er mit seinem Auto fahren. Wer noch ganz unten ist, wird durch den längsten Anmarschweg fit gehalten.

Der ständige Konkurrenzdruck strukturiert das Selbstverständnis der Angestellten. Die Normen am Arbeitsplatz werden verbindlich auch für das Privatleben. Sofern der einzelne nicht am ständigen Leistungsdruck zerbricht, psychisch oder physisch erkrankt nimmt er die herrschenden Zwänge als Herausforderung an, der er zu entsprechen sucht nicht nur in der Arbeitszeit, sondern auch nach Feierabend. Die äußerlichen Fetische der jeweiligen Stellung und das Vorbild von Kollegen, die die Stufenleiter des Erfolges rasend schnell erklimmen, führen zur totalen Anpassung an die Erfordernisse des Betriebs. Solche Integrationsanstrengungen werden dann auch belohnt. Mit ästhetischem Schein, der die erreichte Stellung nach außen hin darstellt, mit höherem Gehalt, der dem Angestellten als Privatmann die Möglichkeit einräumt, passende Statusinsignien zu erwerben: den teureren Anzug, das schnellere Auto, die noblere Wohnung, die schönere Frau. Anpassung wird honoriert im Maßstab des gesellschaftlich Notwendigen durch Überkonsum, der die kapitalistische Wirtschaft in Schwung hält und gleichzeitig Problembewußtsein unterdrückt.

Marketing als „totales Firmenkonzept“ tendiert dazu, alle Angestellten zu kritikunfähigen Befehlsempfängern zu machen. Einmal soweit umgemodelt, taugen sie hervorragend dazu, den Unternehmerstandpunkt zu vertreten gegenüber anderen Lohnabhängigen. Die ständige Kontrolle, der jeder einzelne während seiner Arbeit ausgesetzt ist, wirkt als Bedrohung. Dadurch stimulierte aggressive Reaktionen können nicht zum Austrag gebracht werden; der Haß schlägt in Angst um, in Lebensangst, die alles beim alten lassen will und jede Veränderung — auch zum besseren — erst recht wieder als Bedrohung erfährt. Das von Marketing angestrebte Organisationsmodell der Stabsstellen ist vom Militär übernommen. Der durch den Konsum vorgeblich geleisteten Demokratisierung — und genau diese ist immer gemeint, wenn bürgerliche bis sozialdemokratische Politiker dieses Wort im Mund führen — steht im Bereich des Arbeitslebens eine mit relativ subtilen Mitteln vorgetragene Zementierung totalitärer Prinzipien gegenüber.

„Wie also die auf das Kapital gegründete Produktion einerseits die universelle Industrie schafft — d. h. Surplusarbeit, wertschaffende Arbeit —, so anderseits ein System der allgemeinen Exploitation der natürlichen und menschlichen Eigenschaften, ein System der allgemeinen Nützlichkeit, als dessen Träger die Wissenschaft selbst so gut erscheint, wie alle physischen und geistigen Eigenschaften, während nichts als *An-sich-Höheres,* Für-sich-selbst-Berechtigtes, außer diesem Zirkel der gesellschaftlichen Produktion und Austauschs erscheint. So schafft das Kapital erst die bürgerliche Gesellschaft und die universelle Aneignung der Natur wie des gesellschaftlichen Zusammenhangs selbst durch die Glieder der Gesellschaft." [56]) Die Tendenz des Kapitals, seine Herrschaft über Mensch und Natur immer weiter voranzutreiben, findet seinen Ausdruck in der Tatsache, daß es sich — als ein Resultat der Vermehrung und Entwicklung der Produktivkräfte — ständig neue Bereiche der Natur und des menschlichen Lebens unterzuordnen sucht. Es ist die ausdrückliche Absicht der Marktökonomie, wie sie in der Ästhetisierung des Marktes Gestalt annimmt, sich über die Aneignung der Arbeitskraft hinaus den ganzen Menschen dienstbar zu machen. Die ökonomische Notwendigkeit dazu resultiert aus dem Fakt, daß die Produktion von Surpluswert die Produktion neuer Konsumtion erfordert, „daß sich der konsumtive Zirkel innerhalb der Produktion ebenso erweitert, wie . . . der produktive Zirkel.“ [57]) M a r x faßt die Möglichkeiten, dieses Ziel zu erreichen, zusammen: „Erstens quantitative Erweiterung der bestehenden Konsumtion; zweitens: Schaffen neuer Bedürfnisse dadurch, daß vorhandene in einem größeren Kreis propagiert werden: *drittens:* Produktion *neuer* Bedürfnisse und Entdeckung und Schöpfung neuer Gebrauchswerte.“ [58]) Dieses Drittens drückt insbesondere in seinem ersten Teil aus, was die grundsätzliche Funktion der Marktästhetik in der monopolkapitalistischen Gesellschaft ist. Konkret begegnet uns dieses Prinzip im mittels Werbung und Verkaufsformen propagierten Markenartikel. Dabei tritt aber an die Stelle des von M a r x angesprochenen Gebrauchswerts der ästhetische Schein: „Die Funktion, die zur ästhetischen Abstraktion der Ware führt, ist die Realisationsfunktion, die sich im ästhetischen Gebrauchswertversprechen ihr den Kauf hervorrufendes Mittel schafft.“ [59]) Wobei dieses „ästhetische Gebrauchswertversprechen“ allerdings festgemacht ist nicht am sich zum Verkauf anbietenden Produkt, sondern an einem über die Ware bloß vermittelten illusionären Tauschwert, der Maß nimmt am Mangel der Masse an gesellschaftlich durchgesetzten Fetischen im konsumtiven Besitzstand und vor allem dem damit verbundenen Statusanspruch. „Die Produktion und große Rolle von bloßem Schein ist in der kapitalistischen Gesellschaft angelegt in jenem pauschalen Widerspruch, der sich durch alle Ebenen hinzieht . . . Der Kapitalismus basiert auf einem systematischen quidproquo: alle menschlichen Ziele — und sei es das nackte Leben — gelten dem System nur als Vorwände und Mittel (nicht theoretisch gelten sie ihm als solche, sondern faktisch ökonomisch fungieren sie derart).“ [60])

Die Formen, welche Produktion und Konsumtion für den einzelnen im Monopolkapitalismus annehmen, gleichen einander. Der lebendigen Arbeitskraft tritt die vergegenständlichte in immer gewaltigeren Portionen und in der in den Besitzverhältnissen angelegten Gestalt des fixen Kapitals gegenüber. Der Arbeitsprozeß wird von diesem determiniert; jene muß sich unterordnen. Ähnlich verhält es sich mit den Produkten der lebendigen Arbeit.

Sie werden nicht den Bedürfnissen der sie produzierenden und konsumierenden Menschen gerecht, sondern deren Bedürfnisse werden erst von den produzierten Waren geprägt. Von dieser Seite aus erscheint die Unterjochung der Menschen unter die Verwertungsinteressen des Kapitals total.
Die Ästhetisierung des Marktes setzt dort an, wo die Produktionsverhältnisse den Menschen frei geben. Sie nimmt massiv die menschliche Sensibilität in Dienst. Diese wird reprimiert durch die Funktionalisierung der rationalen Fähigkeiten des Individuums am Arbeitsplatz unter deren Lostrennung von der Sexualität. Folgerichtig arbeitet die Markenartikelwerbung primär mit sexuellen Symbolfetischen, um im Konsum einen Ersatz für die Unterdrückung der menschlichen Sensibilität anzubieten. So bekommt die entwickelte monopolkapitalistische Gesellschaft den ganzen Menschen in den Griff.
Die totale Unterjochung des Menschen unter die Verwertungsinteressen des Kapitals ist aber nur eine Seite der Medaille. Ihre Rückseite sieht ganz anders aus. Auf ihr sind das Elend und der Mangel eingetragen, welche die sogenannte Konsum- oder Überflußgesellschaft in immer stärkerem Ausmaß produziert. Diese Entwicklung wird begleitet vom offensichtlichen Widerspruch einer immer breiter und umfassender werdenden Entfaltung der Produktivkräfte. Diese beiden Faktoren bedingen einander nur aufgrund der kapitalistischen Produktionsverhältnisse. Unter den herrschenden Bedingungen bewirkt das Anwachsen der Produktivkräfte also nicht die Beseitigung — wozu sie ihrer Bestimmung nach tendieren —, sondern die Ausweitung des Mangels. Dieser Widerspruch zeigt die Tendenz, zu einem immer unversöhnlicheren Antagonismus zu werden. Beiden Faktoren und ihrer antagonistischen Entwicklungsrichtung soll im weiteren nachgegangen werden.

ÖKONOMISCHER „CHARAKTER“

Das Auftreten des industriellen Kapitals leitet eine neue Epoche in der sozio-kulturellen Entwicklung der Menschheit ein. Es trennt die Arbeitskraft los vom Besitz an den Produktionsmitteln und beherrscht jene mittels dieser. Die primäre Akkumulation von Kapital, die zu seiner industriellen Anwendung vorausgesetzt ist, braucht hier nicht näher behandelt werden.[61]) Vielmehr interessieren die Entwicklungsstadien des auf der Basis der Industrialisierung Mehrwert heckenden Kapitals. Durch die Funktionalisierung der Arbeitskraft als Quelle von Mehrwert, der von Nicht-Arbeitern vereinnahmt wird, ist dem Kapital — was gleichzeitig seine Tendenz — eine fortgesetzte quantitative Zunahme aufgenötigt, die den Anspruch verwertet zu werden stellt. In diesem Prozeß unterzieht sich das Kapital ständigen Wandlungen. Die Verwertung des Kapitals stößt immer wieder auf Grenzen, die überwunden werden müssen, sofern sich die kapitalistische Gesellschaft am Leben erhalten will. Im Vergleich zu vorangegangenen sozio-kulturellen Formationen, insbesondere aber zur Regressionsstufe des europäischen Feudalismus ist der Kapitalismus durch die in ihm steckende Dynamik charakterisiert. Sie treibt seine Entwicklung ständig weiter voran. Bezeichnend ist aber, daß das Kapital schließlich selbst zum Hindernis wird, das sich seiner eigenen Entfaltung in den Weg stellt. „Die *wahre Schranke* der kapitalistischen Produktion ist *das Kapital selbst,* ist dies: daß das Kapital und seine Selbstverwertung als Ausgangspunkt und Endpunkt, als Motiv und Zweck der Produktion erscheint; daß die Produktion nur Produktion für das *Kapital* ist und nicht umgekehrt die Produktionsmittel bloße Mittel für eine stets sich erweiternde Gestaltung des Lebensprozesses für die *Gesellschaft* der Produzenten sind. Die Schranken, in denen sich die Erhaltung und Verwertung des Kapitalwerts, die auf der Enteignung und Verarmung der großen Masse der Produzenten beruht, allein bewegen kann, diese Schranken treten daher ständig in Widerspruch mit den Produktionsmethoden, die das Kapital zu seinem Zwecke anwenden muß und die auf unbeschränkte Vermehrung der Produktion, auf die Produktion als Selbstzweck, auf unbedingte Entwicklung der gesellschaftlichen Produktivkräfte der Arbeit lossteuern. Das Mittel — unbedingte Entwicklung der gesellschaftlichen Produktivkräfte — gerät in fortwährenden Konflikt mit dem beschränkten Zweck, der Verwertung des vorhandenen Kapitals."[62]) Marx schließt daran die Diagnose: „Wenn daher die kapitalistische Produktionsweise ein historisches Mittel ist, um die materielle Produktivkraft zu entwickeln und den ihr entsprechenden Weltmarkt zu schaffen, ist sie zugleich der beständige Widerspruch zwischen dieser ihrer historischen Aufgabe und den ihr entsprechenden gesellschaftlichen Produktionsverhältnissen."[63])

Die ständig sich erweiternde Reproduktion des Kapitals hat also zum Zweck seine Selbstverwertung, zur Voraussetzung und Folge aber auch die immer weitere Entfaltung der Produktivkräfte einerseits und die Ausdehnung der Zirkulation anderseits. Diese über seinen Rahmen hinausschießenden Begleiterscheinungen stürzen das Kapital in wiederkehrende Schwierigkeiten, deren Herr zu werden ein entscheidender Motor seiner Entwicklung ist. Zum einen Aspekt, der Erweiterung des „Zirkels der Zirkulation", nochmals Marx: „Die Schöpfung von *absolutem Mehrwert* durch das Kapital — mehr vergegenständlichte Arbeit — hat zur Bedingung, daß sich der Zirkel der Zirkulation erweitert und zwar beständig erweitert. Der an einem Punkt geschaffene *Mehrwert* erheischt die Schöpfung des Mehrwerts an einem *anderen* Punkt, gegen den er sich austausche; wenn auch zunächst nur Produktion von mehr Gold und Silber, mehr Geld, so daß, wenn der Mehrwert nicht unmittelbar wieder zu Kapital werden kann, er in der Form des Geldes als Möglichkeit von neuem Kapital existiert. Eine Bedingung der auf Kapital basierten Produktion ist daher *die Produktion eines stets erweiterten Zirkels der Zirkulation*, sei es daß der Kreis direkt erweitert wird *oder daß mehr*

Punkte in demselben als Produktionspunkte geschaffen werden. Erschien die Zirkulation zunächst als gegebene Größe, so erscheint sie hier als bewegte und durch die Produktion selbst sich ausdehnende. Danach erscheint sie schon selbst als ein Moment der Produktion. Wie das Kapital daher einerseits die Tendenz hat stets mehr Surplusarbeit zu schaffen, so die ergänzende mehr Austauschpunkte zu schaffen; d. h. hier vom Standpunkt des *absoluten* Mehrwerts oder Surplusarbeit aus, mehr Surplusarbeit als Ergänzung zu sich selbst hervorzurufen; au fond die auf Kapital basierte Produktion, oder die ihm entsprechende Produktionsweise zu propagieren." [64])

Das Kapital als sich selbst bewegender Motor mit der Tendenz, seine charakteristische Produktionsweise auszudehnen, ist umrissen. Nun interessieren die Mittel und Formen, in denen sich dieser Prozeß konkretisiert. Die spezifischen Erscheinungsformen der kapitalistischen Produktionsweise im Laufe ihrer Entwicklung sollen nicht festgemacht werden an der Analyse der Formierung des Kapitals. Der Konzentrationsprozeß, welchen es fortwährend durchmacht, ist offenkundig. Ausgangspunkt ist vielmehr der jeweilige Stand der Produktivkräfte, die das Kapital zu beherrschen sucht, gerade so wie es ihre Entfaltung vorantreibt. Diese Tendenz soll auf den Nenner des *„ökonomischen Charakters"* gebracht werden als zentraler Faktor des jeweiligen Entwicklungsstandes in der Organisation der Produktionsmittel, die sich in der großen Industrie die Arbeitskraft unterwerfen.

„Die Umwälzung der Produktionsweise", schreibt Marx, „nimmt in der Manufaktur die Arbeitskraft zum Ausgangspunkt, in der großen Industrie das Arbeitsmittel. Es ist also zunächst zu untersuchen, wodurch das Arbeitsmittel aus einem Werkzeug in eine Maschine verwandelt wird, oder wodurch sich die Maschine vom Handwerksinstrument unterscheidet." [65]) Das Kapital räumt in der großen Industrie eine wesentliche Schranke weg, die ansonsten seine Selbstverwertung behindern und sein Wachstum stillstehen lassen würde, nämlich die Schranke der Zahl der arbeitsfähigen Bevölkerung. Ist der Einsatz von Kapital abhängig von der zur Verfügung stehenden Arbeitskraft, so hat er sein Ende erreicht mit der Beschäftigung der letzten verfügbaren Arbeitskraft. Wird das Kapital hingegen wirksam durch spezielle Arbeitsmittel, so kann es die Grenzen, welche seiner Selbstverwertung gesetzt sind, überwinden durch die weitere Entwicklung der Produktivkräfte: Die einzelne — lebendige — Arbeitskraft wird befähigt durch vermehrten Einsatz von vergegenständlichter Arbeit (= Produktionsmittel = capital fixe), eine immer höhere Arbeitsleistung zu vollbringen.

Folgen wir Marx bei der Definition der Maschinerie. Zunächst weist er nach, daß die Erklärung der Maschine als zusammengesetztes Werkzeug vom ökonomischen Standpunkt aus unzureichend, weil unhistorisch ist. Zur Näherung benennt er die drei wesentlichen Teile, aus denen sich jede Maschine zusammensetzt: 1. Bewegungsmaschine, 2. Transmissionsmechanismus, 3. Werkzeug- oder Arbeitsmaschine. Anhand der Funktionsbestimmung der Werkzeugmaschine bringt Marx die Maschine überhaupt auf ihren Begriff. Der genannte Teil zeichnet sich dadurch aus, daß er nicht nur ein Handwerksinstrument ersetzt, sondern auch Arbeitskraft direkt erspart, die dadurch frei wird zu zusätzlicher Produktion und weniger Zeit aufwenden muß für die Erarbeitung des Wertes ihrer Reproduktionskosten. „Die Maschine, wovon die industrielle Revolution ausgeht, ersetzt den Arbeiter, der ein einzelnes Werkzeug handhabt, durch einen Mechanismus, der mit einer Masse derselben oder gleichartiger Werkzeuge auf einmal operiert und von einer einzelnen Triebkraft, welches immer ihre Form, bewegt wird. Hier haben wir die Maschine, aber erst als einfaches Element der maschinenmäßigen Produktion.“ [66])

Die Maschinerie ist überhaupt ein Kriterium, welches vorausgesetzt ist zur totalen Herrschaft des Kapitals über Mensch und Gesellschaft. Andererseits vermittelt sie eine Organisationsweise der Produktion, die aufgrund ihres kollektiven Charakters über den Rahmen der kapitalistischen Produktionsverhältnisse — den Privatbesitz an den Produktionsmitteln und die private Aneignung des gesamtgesellschaftlich erarbeiteten Mehrwerts — hinausgeht. „Als Maschinerie erhält das Arbeitsmittel eine materielle Existenzweise, welche Ersetzung der Menschenkraft durch Naturkräfte und erfahrungsmäßige Routine durch bewußte Anwendung der Naturwissenschaft bedingt. In der Manufaktur ist die Gliederung des gesellschaftlichen Arbeitsprozesses rein subjektiv, Kombination von Teilarbeitern; im Maschinensystem besitzt die große Industrie einen ganz objektiven Produktionsorganismus, den der Arbeiter als fertige materielle Produktionsbedingung vorfindet. In der einfachen und selbst in der durch Teilung der Arbeit spezifizierten Kooperation erscheint die Verdrängung des einzelnen Arbeiters durch den vergesellschafteten immer noch mehr oder minder zufällig. Die Maschinerie . . . funktioniert nur in der Hand unmittelbar vergesellschafteter oder gemeinsamer Arbeit. Der kooperative Charakter des Arbeitsprozesses wird jetzt also durch die Natur des Arbeitsmittels selbst diktierte technische Notwendigkeit." [67]) Die Vergesellschaftung der Arbeit erscheint als ein Faktum, das in der Maschine angelegt ist. Dadurch verhilft sie dem industriellen Kapital zum Durchbruch. Der Vergesellschaftungsprozeß der Arbeit setzt sich immer weiter fort gemeinsam mit der Fortentwicklung der Maschinerie und erfaßt in Begleitung der Zentralisation des Kapitals und seines Bedürfnisses, sich immer weiter auszudehnen, ständig weitere Arbeits- und Lebensbereiche.

Stimuliert wird dieser Prozeß durch die auf der Hand liegende Möglichkeit, nicht nur die Arbeit zu vergesellschaften, sondern auch eine Kooperation von Maschinen zu installieren. Die Bildung solcher Produktionsautomaten kann horizontal oder vertikal erfolgen, je nachdem gleichartige Maschinen zur Multiplikation eines Arbeitsvorganges eingesetzt werden oder verschiedenartige so ineinander greifen, daß sie einen ganzen Produktionsprozeß umspannen. „Ein System der Maschinerie, beruhe es auf bloßer Kooperation gleichartiger Arbeitsmaschinen, wie in der Weberei, oder auf einer Kombination verschiedenartiger, wie in der Spinnerei, bildet an und für sich einen großen Automaten, sobald es von einem sich selbst bewegenden ersten Motor getrieben wird." [68])

In der Baumwollindustrie war die Automation schon zu Lebzeiten von Marx keine Utopie mehr. Die Erwartungen, die Technokraten und Futurologen in die Automation unserer Zeit setzen — sie erblicken in ihr ein gänzlich neues Phänomen —, sind unter diesem Gesichtspunkt vorsichtig zu beurteilen. Die Neuerung scheint vielmehr zu bestehen in der Tendenz der Automatisierung, immer neue und zusätzliche Produktionsbereiche zu erfassen und eine immer umfassendere Struktur anzunehmen. Zum Beweis für ihre Entfaltung im zweiten Drittel des 19. Jahrhunderts nochmals Marx: „Sobald die Arbeitsmaschine alle zur Bearbeitung des Rohstoffs nötigen Bewegungen ohne menschliche Hilfe verrichtet und nur noch menschlicher Nachhilfe bedarf, haben wir ein automatisches System der Maschinerie, das indes ständiger Ausarbeitung im Detail fähig ist. So sind z. B. der Apparat, der die Spinnmaschine von selbst stillsetzt, sobald ein einzelner Faden reißt, und der selfacting stop, der den verbesserten Dampfwebstuhl stillsetzt, sobald der Spule des Weberschiffes der Einschlagsfaden ausgeht, ganz moderne Erfindungen." [69])

Die Automation ist folglich kein plötzlich einsetzendes Phänomen, sondern beständige Begleiterscheinung der kapitalistischen Entwicklung. Die sie vorantreibende Kraft erscheint gegeben in der Entfaltung der Produktionsmittel. Ihr Fortschritt besteht offenkundig in einer permanenten Erhöhung des Vergesellschaftungsgrades der Arbeit und findet seinen Ausdruck im Ausmaß der Automation. Diese wieder ist strukturellen Wandlungen unterworfen, die sich aus der Organisationsform der Arbeit und der Arbeitsmittel ergeben. Die Prinzipien, nach welchen Arbeit und ihre Kombination mit speziellen Arbeitsmitteln organisiert werden, ändern sich also und im Laufe der kapitalistischen Entwicklung fundamental. Sie geben dem jeweiligen Entwicklungsstand seinen eigenen Anstrich. Darin ist auch der Grund dafür zu sehen, daß der gegenwärtig die Produktion erfassende neue Automationsprozeß ohne Rücksicht auf seine altbekannten Merkmale als umwälzende Neuerung angesehen wird.

Der ökonomische Charakter einer Entwicklungsstufe der kapitalistischen Produktionsweise versucht das Organisationsprinzip zu erfassen, das die Strukturen der großen Industrie festlegt. Es richtet sich allerdings nicht ausschließlich nach der Entfaltung der Produktivkräfte, sondern reflektiert gleichermaßen die konkreten Verwertungsschwierigkeiten des Kapitals, die ihrerseits wieder ein Antrieb zur weiteren Produktivkraftentwicklung sind. Grundlegende Organisationsprinzipien der Produktion, die den wechselnden ökonomischen Charakter der kapitalistischen Entwicklung ausmachen, können mit Rücksicht auf den ständigen Wandel und die ständigen Weiterungen gefunden werden, denen der Produktionsprozeß im Kapitalismus unterworfen ist. „Die Umwälzung der Produktionsweise in einer Sphäre der Industrie bedingt ihre Umwälzung in der anderen. Es gilt dies zunächst für solche Industriezweige, welche zwar durch die gesellschaftliche Teilung der Arbeit isoliert sind, so daß jeder derselben eine selbständige Ware produziert, sich aber dennoch als Phasen eines Gesamtprozesses verschlingen. So machte die Maschinenspinnerei Maschinenweberei nötig und beide zusammen die mechanisch-chemische Revolution in der Bleicherei, Druckerei und Färberei. So rief anderseits die Revolution in der Baumwollspinnerei die Erfindung des gin zur Trennung der Baumwollfaser vom Samen hervor, womit erst die Baumwollproduktion auf dem nun erheischten großen Maßstab möglich ward.“ [70]) Diese Reihe wird fortgesetzt durch die Entwicklung der chemischen Industrie, welche in den Bedürfnissen der Bleicherei und der Färberei ihren Ursprung hatte. Sie entfaltete ihrerseits eine Eigendynamik, die dem Kapital völlig neue Anlagemöglichkeiten und der industriellen Produktion zusätzliche Anwendungsbereiche und revolutionierende Produktionstechniken eröffnete.

Dazu kommt der permanente Wechsel jener Industriezweige, von denen jeweils die Initialzündung zur Akzeleration der kapitalistischen Entwicklung ausgeht. Man spricht von „Schlüsselindustrien", die in bestimmten Entwicklungsphasen des Kapitals die Dynamik des Wachstums bestimmt haben und bestimmen. Waren es am Beginn der Industrialisierung Spinnerei und Weberei, später Kohle und Eisen, so sind es heute Elektronik und Chemie.

Aus der Reflexion dieses Wandels eine Systematik der kapitalistischen Entwicklung abzuleiten, erscheint nicht zielführend, weil dabei versucht werden müßte, die Resultate tiefer liegender Veränderungen als Ursache auszugehen. Dieser Fehler scheint vermeidbar, wenn es gelingt, jeweils die die gesamte industrielle Aktivität umgreifenden Organisationstypen darzustellen.

Derartige Organisationstypen müssen den grundsätzlichen Bedürfnissen der privaten Kapitalverwertung entgegenkommen, die der Entwicklung der Produktivkräfte entsprechend sich verändern. Das industrielle Kapital sucht sich sämtliche produktiven Arbeitsbereiche der Gesellschaft zu unterwerfen. Im Vordergrund steht dabei als *instrumentelles Moment* die Ersetzung der lebendigen Arbeitskraft der Arbeiter durch die vergegenständlichte der Maschine. Das extensive Wachstum der kapitalistischen Produktion geht von vornherein Hand in Hand mit intensivem Wachstum, der gezielten Anwendung der Naturwissenschaften zur Erhöhung der Produktivität der lebendigen Arbeitskraft. Darin besteht die fundamentale Überlegenheit des industriellen gegenüber dem Manufakturkapital.

Sobald das industrielle Kapital nicht mehr Manufakturisten, sondern sich selbst zum Konkurrenten hat, wenn sich das instrumentelle Moment in allen wesentlichen Produktionsbereichen durchgesetzt hat, richtet sich das Verwertungsinteresse des Kapitals notwendig auf Beherrschung und Ausdehnung des Marktes — zunächst mittels der Transportmittel. Die *Logik des Transports* bleibt nicht beschränkt auf den Güterverkehr; als Ordnungsprinzip schlägt sie sich vielmehr auch in der Organisation der Produktion nieder. Die Transportmittelindustrie wieder gibt der Transformation und dem Wachstum des Kapitals einen wesentlichen Impuls insofern, als sie die maschinelle Produktion der Maschinerie hervorruft.

Unter hergestellten Monopolbedingungen wird die funktionale Organisation der Produktion — funktional im Sinne der Kapitalverwertung — abhängig von der reibungslosen Bewältigung der den Produktionsprozeß bestimmenden Informationsmengen und der Konditionierung der Konsumenten nach den Bedürfnissen des privaten Kapitals durch deformierte Kommunikationsmittel. Damit stehen *kommunikative Momente* im Vordergrund. Die Logik der Kommunikationsmittel färbt nicht allein auf die Organisation und Leitung der Betriebe ab, sondern determiniert auch die Anwendung der Produktionsmittel und der Arbeitskraft. Die Orientierung der Produktion nach kommunikativen Aspekten wird erzwungen vom Problem der Mehrwertrealisierung im entwickelten Monopolkapitalismus, der ankämpft gegen die Unwägbarkeit von Kauflust und Zahlungswilligkeit eines Publikums, dem der Marktmechanismus als Orientierungshilfe genommen ist.

Der wechselnde ökonomische Charakter der kapitalistischen Produktion und Wirtschaft läßt drei Phasen ihrer Entwicklung erkennen:

1. Organisation der Produktion nach der Logik der Maschinerie;
2. Organisation der Produktion nach der Logik der Transportmittel;
3. Organisation der Produktion nach der Logik der Kommunikationsmittel.

a) LOGIK DER MASCHINERIE IN DER PRODUKTION

Die kapitalistische Logik der Maschinerie ist verknüpft mit deren Fähigkeit lebendige durch vergegenständlichte Arbeitskraft zu ersetzen und damit die Produktivität der lebendigen Arbeit für die Begriffe des Manufakturkapitals unendlich zu steigern. Die Unterjochung der menschlichen Arbeitskraft durch das industrielle Kapital ist Resultat der Anwendung von Maschinerie auf die verschiedenartigen Produktionsprozesse. Gemäß seiner — sprunghaft — erweiterten Reproduktion greift das industrielle

Kapital von einem Industriesektor, den es sich zunächst einverleibt, über auf immer mehr Produktionszweige. Dominierende Wachstumsfaktoren sind in diesem Abschnitt Kapital und Arbeitskraft. Die Ausdehnung der industriekapitalistischen Aktivität wird begleitet von ständig steigendem Einsatz von Kapital und Arbeitskraft. Dieses Wachstum ist primär quantitativ und extensiv, beruht aber im Vergleich zur Manufakturperiode auf dem intensiven Faktor von in Maschinerie vergegenständlichter Arbeitskraft. Die Kapitalausstattung je Arbeitsplatz nimmt allerdings nach der Industrialisierung nicht sprunghaft zu; vielmehr werden ständig zusätzliche Arbeitsplätze mit ungefähr gleichem Kapitaleinsatz errichtet. Die Dominanz des extensiven Wachstums bedeutet indessen nicht, daß die Einzelkapitalien nicht durch erhöhte Nutzung wissenschaftlicher Erkenntnisse und ihrer technischen Anwendung auf die Produktion versucht hätten, überdurchschnittliche Profitraten zu erwirtschaften.
Solche intensive Wachstumsfaktoren spielten namentlich in den damaligen Schlüsselindustrien eine wesentliche Rolle. Das trifft zu auf die Spinnerei und Weberei, deren Tendenz zur Automation hohen Kapitaleinsatz je Arbeitsplatz erforderte. Dennoch erscheint auch die Organisation der Textilindustrie wesentlich instrumentell orientiert. Die Automation findet nicht Anwendung auf die Produktion von Produkten, die die industrielle Revolution hervorgebracht hat, sondern auf eine den Verwertungsbedürfnissen des industriellen Kapitals angepaßte Herstellung von zuvor handwerkmäßig produzierten Gegenständen. Die Ersetzung der manufaktur- und handwerksmäßigen Produktionsweise durch die industriekapitalistische hat überhaupt instrumentellen Charakter, insofern sie auf Ersetzung des einfachen Werkzeugs durch Maschinerie beruht. Dieser Prozeß basiert auf der Ablösung des Einsatzes von geschickter menschlicher Arbeitskraft durch maschinelle Arbeitsmittel; in Form der Maschinerie treten die Produktionsbedingungen der lohnabhängigen Arbeitskraft unter dem Anschein der Objektivität gegenüber. Statt daß sie das Handwerkszeug bewegen, werden sie vom maschinellen Ar-

beitsrhythmus getrieben. Hauptgesichtspunkt der kapitalistischen Entwicklung im Zeichen des ökonomischen Charakters „Organisation der Produktion nach der Logik der Maschinerie als instrumentelles Moment“ ist nicht die Produktion neuer Produkte, sondern die Herstellung gebräuchlicher Waren unter neuem Ordnungsmoment.

Das Industriekapital setzt seine Produkte auf dem Markt durch mit wesentlich niedrigeren Preisen, als sie von Manufakturisten und Handwerkern anzusetzen sind. Aus dem Ersatz von lebendiger Arbeitskraft durch fixes Kapital laufen in der industriellen Produktionsweise viel geringere Stückkosten an. Die Erhöhung der Produktivkraft der Arbeit schlägt sich nieder in erhöhtem Produktionsausstoß. Die gewaltigen Warenmassen können zu relativ niedrigen Preisen angeboten werden. Die Angebotssteigerung findet eine entsprechende Nachfrage, weil die ehedem teure Ware nun billig gekauft werden kann. Da sich industriell genutztes Kapital tendenziell auf erweiterter Stufe reproduziert, stößt die fortlaufende Steigerung des Produktionsausstoßes auf die Grenze des vorgefundenen Marktes bzw. des gesamtgesellschaftlichen Konsumtionsfonds. Das Problem der Mehrwertrealisierung tritt in den Vordergrund. Die Möglichkeit zur Erweiterung des Marktes ist abhängig von der Entwicklung der Transportmittel. In der ersten Phase der Industrialisierung kam England neben dem Vorteil, ihr Ursprungsland zu sein, die Vorherrschaft als Seemacht zugute. Das findet unter anderem Ausdruck in der Geschwindigkeit, in der sich britisches Kapital die Ressourcen der lateinamerikanischen Länder nach deren Freiheitskämpfen aneignete.[71])

Dieses Phänomen ist im ersten Band des „Kapital“ von Marx dargestellt: „Die Revolution in der Produktionsweise der Industrie und Agrikultur ernötigte namentlich aber auch eine Revolution in den allgemeinen Bedingungen des gesellschaftlichen Produktionsprozesses, d. h. den Kommunikations- und Transportmitteln. Wie die Kommunikations- und Transportmittel einer Gesellschaft, deren Pivot, um mich eines Ausdrucks Fouriers zu bedienen, die kleine Agrikultur mit ihrer häuslichen Nebenindustrie und das städtische Handwerk waren, den Produktionsbedürfnissen der Manufakturperiode mit ihrer erweiterten Teilung der gesellschaftlichen Arbeit, ihrer Konzentration von Arbeitsmitteln und Arbeitern und ihren Kolonialmärkten durchaus nicht mehr genügen konnten, daher auch in der Tat umgewälzt wurden, so verwandelten sich die von der Manufakturperiode überlieferten Transport- und Kommunikationsmittel bald in unerträgliche Hemmschuhe für die große Industrie mit ihrer fieberhaften Geschwindigkeit der Produktion, ihrer massenhaften Stufenleiter, ihrem beständigen Werfen von Kapital- und Arbeitermassen aus einer Produktionsphäre in die andere und ihren neu geschaffenen weltmarktlichen Zusammenhängen. Abgesehen von ganz umgewälztem Segelschiffbau, wurde das Kommunikations- und Transportwesen daher allmählich durch ein System von Flußdampfschiffen, Eisenbahnen, ozeanischen Dampfschiffen und Telegraphen der Produktionsweise der großen Industrie angepaßt. Die furchtbaren Eisenmassen aber, die jetzt zu schmieden, zu schweißen, zu schneiden, zu bohren und zu formen waren, erforderten ihrerseits zyklopische Maschinen, deren Schöpfung der manufakturmäßige Maschinenbau versagte." [72])

Für die Entwicklung des Kapitals und zur Überwindung seiner Verwertungsschwierigkeiten in zu engen Markträumen wurde es vordringlich notwendig, die machtpolitisch hergestellten Weltmarktbedingungen ökonomisch nutzbar zu machen. Das Mittel dieses schrittweisen Entwicklungsprozesses — Marx spricht konsequenterweise von allmählicher Anpassung — war der Ausbau des Transportwesens. Die Notwendigkeit zur Beschleunigung dieses Prozesses steckt in den Bewegungsgesetzen des Kapitals selbst. Das produktiv angelegte Kapital tritt in die Zirkulation in Form von Warenkapital ein. Je rascher nun das Warenkapital umgeschlagen wird, Geldform annimmt, umso früher wieder kann es als Produktionskapital verausgabt werden, d. h. die Produktion und seine Reproduktion auf erweiterter Stufenleiter durch Ankauf von neuen Rohstoffen und weiterer Arbeitskraft mittels vorhandener oder zusätzlich erworbener Produktionsmittel sichern. Die dem Kapital innewohnende Tendenz zur Akkumulation wird ebenfalls unterstützt durch kurzfristigen Kapitalumschlag, der durch reibungslos funktionierenden Transport garantiert wird. Er ist, lange Lieferwege für Rohstoffe vorausgesetzt, lebenswichtig für die Kontinuität der Produktion, welche wieder Bedingung für die rentable Nutzung des fixen Kapitals ist.

Die Anpassung der Transportmittel an die industriekapitalistische Produktionsweise setzte jedoch ungeheuren Kapitalaufwand voraus, wie er vom einzelnen Kapitalisten nicht geleistet werden konnte. Dies trifft ebenfalls zu auf die gewaltigen Investitionen, welche die Mechanisierung des Maschinenbaues erforderte. Die Aktiengesellschaft wird zum Mittel der Konzentration und Zentralisation des Kapitals unter der Regentschaft einzelner Großkapitalisten; die Macht ihres eigenen Kapitals vervielfältigen sie durch die Verfügungsgewalt über den Kapitaleinsatz der weniger mächtigen Aktionäre. Durch Verflechtung und gegenseitigen Aktienbesitz wird die voll ausgebildete Konkurrenz der Einzelkapitalisten schließlich ersetzt durch die Kooperation branchengleicher Unternehmen in Kartellen: Es setzt ein die Entwicklung zum Monopol. Dazu schreibt Lenin: „Die wichtigsten Ergebnisse der Geschichte der Monopole sind demnach: 1. In den sechziger und siebziger Jahren des 19. Jahrhunderts — die höchste, äußerste Entwicklungsstufe der freien Konkurrenz; kaum merkliche Ansätze zu Monopolen. 2. Nach der Krise von 1873 weitgehende Entwicklung von Kartellen, die aber noch Ausnahmen, keine dauernden, sondern vorübergehende Erscheinungen sind. 3. Aufschwung am Ende des 19. Jahrhunderts und Krise von 1900 bis 1903: Die Kartelle werden zu einer Grundlage des Wirtschaftslebens. Der Kapitalismus ist zum Imperialismus geworden.“ [73])

Auch diese Entwicklung ist angeregt von der überragenden Bedeutung des Schiff- und Eisenbahnbaues für die Entfaltung des Kapitals ab der Mitte des 19. Jahrhunderts. Zu erinnern ist an die Funktion, welche der hohe Kapitaleinsatz im Eisenbahnbau auf die Struktur der nationalen Kapitalien der einzelnen Industriestaaten hatte. In den USA wurde ein umfangreicher Zentralisationsprozeß eingeleitet. Die daraus resultierende Kapitalkonzentration bahnte der späteren Vorherrschaft amerikanischer Konzerne auf dem Weltmarkt den Weg. In Deutschland und Frankreich löste der staatlich geförderte Eisenbahnbau einen generellen Industrialisierungseffekt aus. Solche Kräfte werden zu entscheidenden Wachstumsfaktoren der kapitalistischen Wirtschaft, die jenseits der Möglichkeiten und der Produktionsweise der Manufaktur liegen und vielmehr auf einer entscheidenden Entfaltung der Produktivkräfte beruht, welche auf das Konto des industriellen Kapitals ging. Daran zeichnet sich der Beginn einer neuen Phase der kapitalistischen Entwicklung ab: Zurück tritt das instrumentelle Moment der Organisation der Produktionsweise nach der Logik der Maschinerie; die industriekapitalistische Produktionsweise nimmt vielmehr aufgrund der Entwicklung der Produktivkräfte bei gleichbleibenden Produktionsverhältnissen neuen ökonomischen Charakter an: Die Anpassung der Transportmittel an die Bedürfnisse des Industriekapitals schlägt zurück auf die Organisation der Produktion selbst. Das Ende der ersten Phase wird markant gekennzeichnet dadurch, daß sich die industriekapitalistische Produktionsweise der Herstellung von Maschinen bemächtigt, welche bis dahin manufakturmäßig erzeugt wurden. „Die große Industrie mußte sich also ihres charakteristischen Produktionsmittels, der Maschine selbst, bemächtigen und Maschinen durch Maschinen produzieren. So erst schuf sie ihre adäquate technische Unterlage und stellte sich auf eigene Füße. Mit dem wachsenden Maschinenbetrieb in den ersten Dezennien des 19. Jahrhunderts bemächtigte sich die Maschinerie in der Tat allmählich der Fabrikation der Werkzeugmaschinen. Jedoch erst während der letztverflossenen Dezennien riefen ungeheurer Eisenbahnbau und ozeanische Dampfschiffahrt die zur Konstruktion der ersten Motoren angewandten zyklopischen Maschinen ins Leben.“ [74])

b) LOGIK DER TRANSPORTMITTEL IN DER PRODUKTION

Verwertungsschwierigkeiten und Krisen trieben das Kapital zum rapiden Ausbau des Transportwesens und stellten seine Produktionsweise damit auf eine neue Grundlage. Die Mechanisierung des Maschinenbaues, die Anforderungen an die Metallproduktion und die chemische Industrie machten gleichzeitig straffere Indienstnahme der Naturwissenschaften erforderlich. Und die Logik des Transports wird zur Logik der kapitalistischen Produktion überhaupt.

André Leisewitz stellt in seinem Artikel „Die Auswirkungen der Verwissenschaftlichung der Produktion auf die Monopolbildung und auf das Verhältnis Ökonomie und Politik, am Beispiel der chemischen Industrie" fest, daß dem frühen Industriekapitalisten die Wissenschaft als Gratisproduktivkraft erscheinen mußte. Zur hier diskutierten Periode führt er aus: „Nun verliert die Wissenschaft mit dem Übergang zur industriellen Forschung, in der sie zur Anlagesphäre von Kapital gemacht wird, zumindestens teilweise diesen Charakter. Zwar kann der Einzelkapitalist immer noch auf wissenschaftliche Erkenntnisse zurückgreifen, die ohne seine Kapitalinvestition erarbeitet worden sind, um aber konkurrieren zu können, ist er gezwungen, selbst Forschung zu betreiben." [75]) Diesem Aspekt steht die Verwohlfeilerung der Maschinerie aufgrund ihrer maschinellen Produktion gegenüber. Sie bewirkt ihren intensiveren Einsatz in der Produktion überhaupt. Schlagartige Zunahme der organischen Zusammensetzung des produktiven Kapitals war die Folge. Daraus wieder resultierten permanente und wesentliche Produktivkraftsteigerung der Arbeitskraft einerseits und verkürzte Zyklen der Entwertung des fixen Kapitals anderseits. Beide Momente machen eine Beschleunigung des Kapitalumschlags in der Zirkulationssphäre erforderlich: Neues Motiv zum verstärkten Ausbau des Transportwesens und zur Verbesserung sowohl der Marktzugänge, als auch des Apparats zur Mehrwertrealisation.

Die Bemühung um die Verbesserung der Marktzugänge findet ihren konsequenten politischen Ausdruck in der verstärkten Tendenz zur imperialistischen Nationalpolitik. Die Bemühungen um die Verbesserung des Apparats zur Mehrwertrealisation findet ihren sozialen Ausdruck in der Wucherung der Angestelltenfunktionen. M. Tjaden-Steinhauer und K. H. Tjaden weisen diesen Zusammenhang exakt aus: „Die Erhöhung der Angestelltenzahlen in der Produktions- und Zirkulationssphäre in der Entfaltungsperiode des Imperialismus — so die Versiebenfachung der Angestellten in Bergbau und Industrie und die Verdoppelung der Handelsangestellten und des Verkaufspersonals von 1882 bis 1907 — war somit nicht bloße Funktion der Vergrößerung der Betriebseinheiten. Sie war vielmehr Funktion des die kapitalistische Produktionsweise dirigierenden Verwertungsprinzips. Es erforderte in der Industrie die zunehmende Mechanisierung und Organisierung der Produktionsprozesse auf der Basis des zentralisierten und konzentrierten Kapitals und somit (im Wirtschaftbereich Bergbau, Industrie und Handwerk) eine überproportionale Zunahme des technischen Personals (von 1895: 49 000 auf 1907: 125 000) sowie der kaufmännischen und Büroangestellten (von 1895: 109 000 auf 1907: 318 000) im Vergleich zum Aufsichtspersonal (von: 1895: 105 000 auf 1907: 241 000). Im Handel-, Bank und Verkehrswesen erforderte es eine zunehmende Rationalisierung und Bürokratisierung der Zirkulationsprozesse und somit eine überproportionale Zunahme des Kontorpersonals (von 1895: 169 000 auf 1907: 353 000) gegenüber dem Ladenpersonal (von 1895: 298 000 auf 1907: 481 000). Demnach wuchs in besonders starkem Maße der Umfang der Angestelltentätigkeiten, welche die Warenerzeugung und der Warenabsatz auf der erweiterten Stufenleiter der kapitalistischen Produktion und Reproduktion erforderten.“ [76])

Von zentraler Bedeutung für diesen Versuch einer Systematisierung der kapitalistischen Entwicklung ist das Faktum, daß nun selbst die kapitalistische Produktionsweise überhaupt Maß nahm an den Prinzipien des Transportes, die in der Logik der sparsamen Handhabung von Weg und Zeit augenfällig werden. Die Grundanforderung an Transportmittel, die dem Entwicklungsstand des industriellen Kapitals entsprachen, war die Verkürzung der Zeit- und Wegstrecken; sie wurde auch zum Kriterium der Arbeitsorganisation. In den auf Zeit- und Bewegungsanalysen basierenden Rationalisierungsprogrammen der Produktion von Taylor wird diese Tendenz erstmals auf den Begriff gebracht. Die Logik der Transportmittel prägt den neuen ökonomischen Charakter der kapitalistischen Produktionsweise in dieser Periode. Im Bereich der Arbeitsorganisation und der materiellen Produktion selbst drückt sich das nicht bloß im Taylorismus aus; darüber hinaus hat diese Logik in der Verbundwirtschaft, im Fordismus, bis hin zur elaborierten Form der Detroiter Automation (der Automobilherstellung) durchschlagende Geltung.

Der neue ökonomische Charakter der kapitalistischen Produktionsweise besteht zu einem wesentlichen Teil darin, daß die einzelnen Abschnitte im Produktionsprozeß nicht mehr isoliert betrachtet werden; vielmehr werden sie als Schritte in einem zusammenhängenden Prozeß angeschaut. Unter diesem Gesichtspunkt stellt sich der Organisation der Arbeit die Aufgabe, ein reibungsloses Ineinandergreifen der Arbeitsgänge zu gewährleisten. Der einzelne Arbeiter, die einzelne Arbeitsgruppe übt ihre Tätigkeit an der Maschinerie nicht mehr unvermittelt aus; vielmehr werden sie als Glieder des „betrieblichen" Gesamtarbeiters funktionalisiert. Das Problem der Abstimmung unterschiedlicher Zeit- und Bewegungsfaktoren tritt als Hauptinhalt der Organisation hervor. Einerseits wird rationalisiert, der relative Mehrwert erhöht durch Standardisierung des Zeit- und Bewegungsaufwandes, den die Arbeitskraft auf einen fixierten Arbeitsgang verwenden darf (Stück- und Akkordlohn). Anderseits werden gewaltige organisatorische Anstrengungen notwendig, um Ausmaß und Umfang aller Teiltätigkeiten optimal zu bestimmen. Sie müssen reibungslos in einen Gesamtprozeß eingepaßt werden. Es gilt Engpässe zu verhindern, die etwa auftreten, wenn in einem Produktionsabschnitt nicht genügend Vorprodukte hergestellt werden, die in

Verbindung mit anderen auf der nächsten Stufe benötigt werden.
Die Organisation der Produktion nach der Logik der Transportmittel läuft hinaus auf die Fließproduktion. Das Fließband ist optimale Methode, Teilarbeiten so aufeinander abzustimmen, daß sie sich fugenlos in einen Gesamtablauf einfügen. Bedeutsam für den Aspekt der ungleichmäßigen und ungleichzeitigen Entwicklung des Kapitalismus im Weltmaßstab ist die Tatsache, daß in der industriellen Entwicklung zurückgebliebene oder unentwickelte Länder — wie die USA und Deutschland noch in der zweiten Hälfte des 19. Jahrhunderts — ihren Rückstand nur aufholen, wenn sie sich die fortgeschrittenste Form der kapitalistischen Produktionsweise zu eigen machen. Von der Funktion des Eisenbahnbaues zur Anregung der industriekapitalistischen Aktivität und der daraus resultierenden Konzentration von Kapital in den genannten Staaten war bereits die Rede. Ihre in der Folge starke Position in der Weltwirtschaft begründeten die beiden Länder durch ihre Avantgardefunktion in der Anwendung der Logik der Transportmittel auf die Produktion und die monopolistische Nutzung von Forschung und Entwicklung in der chemischen und Elektroindustrie. Ausschlaggebend dafür waren 1. die schlechte Wettbewerbssituation der beiden Länder, 2. in den USA der Mangel an Arbeitskräften, 3. in Deutschland der Mangel an Kolonien, der der Wirtschaft in sämtlichen Marktbereichen die Konkurrenz mit dem Ausland aufzwang, und 4. die Bereitschaft der beiden Länder, Kapital in neue Anlagebereiche zu werfen, weil die traditionellen Sektoren vor allem von England beherrscht wurden. Das Beispiel der USA und Deutschlands unterstreicht, daß die Systematisierung der kapitalistischen Entwicklung nach dem wechselnden ökonomischen Charakter der Produktionsweise funktional ist. Er nimmt an der Organisationsform der Produktion Maß und spiegelt die Entfaltung der Produktivkräfte wider und bezeichnet den Motor für neue Akzelerationsschübe des kapitalistischen Wachstums.

Die Akkumulation von Kapital in Form von fixem Kapital — also vergegenständlichter von der lebendigen Arbeit losgetrennter Arbeitskraft — im Verlauf der kapitalistischen Entwicklung ist nicht allein quantitative Erscheinung. Die Reproduktion des Kapitals auf erweiterter Stufenleiter führt vielmehr zum qualitativen Umschlagen, was sich im Wechsel des ökonomischen Charakters von der Logik der Maschinerie zur Logik der Transportmittel zeigt. Das industrielle Kapital erreicht diesen Punkt seiner Entwicklung, sobald es befähigt ist, über die Produktion hergebrachter Produkte nach neuem Produktionsverfahren (Einsatz von Maschinerie zum Einsatz von Arbeitskraft) hinaus die Herstellung von Waren anzugehen, die überhaupt erst auf der Entwicklung der Produktivkräfte durch das industrielle Kapital basieren. Genauer: Die maschinelle Produktion der Produktionsmittel. Das akkumulierte Kapital sucht nach neuen Anwendungsbereichen. Es findet sie — entsprechend den Bedürfnissen des Gesamtkapitals — im Ausbau der Transportmittel. Dadurch wird nicht nur eine Erhöhung des Konzentrationsgrades des Kapitals angeregt, sondern auch die organisatorische Anstrengung auf eine höhere Stufe gestellt, die Entfaltung der Produktivkräfte den Kapitalinteressen dienstbar zu machen. Die kapitalistische Produktionsweise bemächtigt sich der Herstellung von Maschinerie und der Produktion von Investitionsgütern, die für den Ausbau des Transportwesens notwendig sind. Dessen Logik schlägt auf sie selbst zurück: Die kapitalistische Produktionsweise nimmt den Charakter des Transportprinzips an und setzt ihn in der Sphäre der gesamten Produktion und ihrer Organisation durch.

Diese Entwicklung wird begleitet von der Erhöhung der organischen Zusammensetzung des Kapitals. Ihre Zunahme bedeutet, daß der Anteil des konstanten Kapitals (Produktionsanlagen, Produktionsmittel, Rohstoff usw.) gegenüber dem variablen Kapital (Lohnfonds) zunimmt. Dieses Verhältnis drückt sich präzis in der wachsenden Kapitalausstattung pro Arbeitsplatz aus. Aus den von Marx dargestellten Prinzipien der Berechnung von

Mehrwert- und Profitrate geht hervor, daß erhöhte organische Zusammensetzung des Kapitals aufgrund der steigenden Arbeitsproduktivität zwar Zunahme der Mehrwertrate, aber hinsichtlich der Profitrate, die Bezug nimmt auf den gesamten Kapitaleinsatz und nicht bloß die Beziehung zwischen geleisteter und bezahlter Arbeit herstellt, Abnahme bedeutet. Dadurch ist das Kapital gehalten, aus dem hohen Einsatz konstanten Kapitals das Maximum des erzielbaren relativen Mehrwerts zu erpressen. Es ist dieser Gesichtspunkt, der die Organisation der Produktion nach rationaleren Methoden als dem instrumentellen Moment nahegelegt hat. Die Umstellung der Produktionsweise nach der Logik des Transports — Einsatz der Produktionsmittel und der Arbeitskraft nach ökonomischer Zeit- und Bewegungsverwertung — erforderte die Errichtung einer großen Zahl von Positionen für technische Angestellte. Eine neue Etappe in der Vergesellschaftung der Produktion war erreicht: Nicht bloß die materielle Arbeit im unmittelbaren Produktionsprozeß, sondern auch die Produktionsleitung selbst ist ihr seither verfallen. Resultat der verschärften Kontrolle der Arbeit durch technische Angestellte war die Zunahme der Produktivität bzw. starkes Wachstum der Produktionskapazität in der Industrie überhaupt. Das steigende Volumen des Warenangebots schuf Probleme im Bereich der Mehrwertrealisierung. Zunahme der Angestellten in der Betriebsbürokratie, der Verwaltung, der Distributionssektoren war die Folge. Der erhöhte Umfang der Zirkulation hatte gleichartige Auswirkungen auf die Dienstleistungsbereiche im allgemeinen und das Transportwesen im besonderen.

Der Ausbau der Transportmittel und die Umstellung der Produktionsweise löste indessen die Verwertungsprobleme des Konkurrenzkapitals nicht. Vielmehr wurden dadurch ständig neue Probleme der Kapitalbeschaffung und der Unterkonsumtion/Überproduktion geschaffen. Die Fortdauer der Krisenanfälligkeit der kapitalistischen Wirtschaft und der gleichzeitig hohe Kapitalbedarf des industriellen Kapitals hatte fundamentale Auswirkungen auf die Strukturen der kapitalistischen Gesellschaft, der ökonomischen und politischen Machtausübung und Vorherrschaft in ihr. Vom Diener an den industriellen Einzelkapitalien wurden die Banken zu ihren Beherrschern. Unter der Kontrolle des in Großbanken konzentrierten Finanzkapitals vollzog sich die Umschichtung vom Konkurrenz- zum Monopolkapitalismus. Politischer Ausdruck dieser Entwicklung ist der Imperialismus: Das die „Kuponschneider" vertretende Finanzkapital konnte sich den Willfährigkeiten des Marktes, des Marktmechanismus und der freien Konkurrenz nicht mehr anvertrauen. Es erzwang sowohl die Kartelle und Monopole, als auch die Sicherung des Absatzes und der Rohstoffressourcen durch eine expansive Kolonialpolitik, die nach der Aufteilung der Welt unter die Industriestaaten deren Umverteilung zu ihren imperialistischen Kriegszielen hatte. Lenin hat das Umschlagen des Konkurrenz- zum Monopolkapitalismus präzis dargestellt: „Die freie Konkurrenz ist die Grundeigenschaft des Kapitalismus und der Warenproduktion überhaupt; das Monopol ist der direkte Gegensatz zur freien Konkurrenz, aber diese begann sich vor unseren Augen zum Monopol zu wandeln, indem sie die Großproduktion schuf, den Kleinbetrieb verdrängte, die großen Betriebe durch noch größere ersetzte, die Konzentration der Produktion und des Kapitals so weit trieb, daß daraus das Monopol entstand und entsteht, nämlich: Kartelle, Syndikate, Trusts und das mit ihnen verschmelzende Kapital eines Dutzends von Banken, die mit Milliarden schalten und walten. Zugleich beseitigen die Monopole nicht die freie Konkurrenz, aus der sie erwachsen, sondern bestehen über und neben ihr und erzeugen dadurch eine Reihe besonders krasser Widersprüche, Reibungen und Konflikte. Das Monopol ist der Übergang vom Kapitalismus zu einer höheren Ordnung. ... Der Imperialismus ist der Kapitalismus auf jener Entwicklungsstufe, wo die Herrschaft der Monopole und des Finanzkapitals sich herausbildet, der Kapitalexport hervorragende Bedeutung gewonnen, die Aufteilung der Welt durch die internationalen Trusts begonnen hat und die Aufteilung des gesamten Territoriums der Erde durch die größten kapitalistischen Länder abgeschlossen ist." [77])

L e n i n schreibt: „Das Monopol ist der Übergang vom Kapitalismus zu einer höheren Ordnung." Das heißt nicht, daß unter Beibehaltung der kapitalistischen Produktionsverhältnisse eine höhere sozio-kulturelle Entwicklungsstufe erreicht werden kann. Vielmehr bedeutet die Abkehr des Kapitalismus von seinen Grundprinzipien, daß er unter den Bedingungen der freien Konkurrenz, dem Spiel von Angebot und Nachfrage usf. gar nicht mehr lebensfähig ist. Die hohe Entwicklung der Produktivkräfte macht seitens des Kapitals die größten konzentrierten und konzertierten Anstrengungen notwendig, damit es seine Besitz- und Herrschaftsverhältnisse überhaupt aufrecht erhalten kann. Das Monopol ist der deutlichste Hinweis darauf, daß die Entwicklung der Produktivkräfte gebieterisch von ihrem irrationalen Einsatz in der kapitalistischen zum rationalen in der sozialistischen Gesellschaft drängt. Das Monopol hat sich seit dem Jahre 1903 (L e n i n) endgültig als vorherrschende Formation im Kapitalismus durchgesetzt, begleitet von der totalen Aufteilung der Welt unter die vorherrschenden Industrienationen.

Der Kapitalismus hört damit auf, Schubkraft der gesellschaftlichen Entwicklung zu sein. Das Monopolkapital verteidigt die Existenz des Kapitalismus überhaupt, für den sowohl die Widersprüche unter den einzelnen nationalen Kapitalien, als auch der Grundwiderspruch zwischen Kapital und Lohnarbeit zur ständigen Bedrohung werden. Historisch faßbar wird diese Entwicklung an den beiden Weltkriegen, dem Sieg der Revolution in Rußland usf. Die Umgestaltung der kapitalistischen Produktionsweise und die Indienstnahme der Produktivkräfte unter der Herrschaft des ökonomischen Charakters, der an der Logik der Transportmittel orientiert ist, wird begleitet von einer Reihe schwerer Verwertungskrisen des Kapitals. Sie gehen zurück auf den Widerspruch zwischen Arbeits- und Marktökonomie. Die Entfaltung der Produktivkräfte schlug sich in der Produktion als Prozeß fortwährender Rationalisierungsmaßnahmen nieder; ihr hoher

Vergesellschaftungsgrad, der nach gesamtgesellschaftlicher Planung verlangte, drückte sich bloß aus in erhöhter Rationalisierung der Arbeit. Das in Waren und immer mehr Waren umgesetzte Kapital stieß indessen in regelmäßigen Zyklen auf schwere Verwertungsschwierigkeiten. Sie lösten die Zentralisation des Kapitals aus und trieben diesen Prozeß immer weiter voran.
Die aus dieser Entwicklung hervorgehenden Kartelle, Trusts, Monopole mußten ihre Existenz dadurch absichern, daß sie den Marktmechanismus außer Kraft setzten. Er wurde als Regulator der zentralen Bereiche der kapitalistischen Wirtschaft hinfällig und verlor damit auch seine Funktion, dem Kapital durch teilweise Vernichtung von Produktionskapital und den Druck auf die Lohnkosten aus den Krisen zu helfen. Ihren Endpunkt fand diese Entwicklung in der schweren Depression, die auf den Börsenkrach des Jahres 1929 folgte. Diese Depression machte deutlich, daß der Marktmechanismus aufgrund der hohen organischen Zusammensetzung des Kapitals — der lebendigen stand ein ungleich größeres Maß an vergegenständlichter Arbeit gegenüber — nicht mehr funktionieren konnte: In der Krise konnte die Profitrate des Kapitals durch Lohndruck nicht in hinreichendem Ausmaß verbessert werden, weil der Lohnanteil an den Gesamtkosten nur noch eine untergeordnete Rolle spielte. „Wie . . . bereits erwähnt, waren die zyklischen Krisen 1814—1914 durch den Rückgang der Profitrate und mithin der Kapitalbildung verursacht, der seinerseits letzten Endes auf Lohnerhöhungen bei stagnierender Produktion beruhte. In der Krise und der nachfolgenden Depression wurde stets die Profitrate wieder hergestellt, letzten Endes durch Lohnsenkung. Die Krise von 1929 heilte sich als erste nicht automatisch selbst durch Lohnsenkung, denn 1. die niedrigen Stückkosten der nordamerikanischen, und seit ihrer ‚Rationalisierung' 1925—1928 auch der deutschen Industrie wurden erzielt durch die Größe von Produktionsserien und Umsatz: indem die Krise Produktions- und Umsatzvolumen beschränkte, bewirkte sie eine Erhöhung der fixen Kosten pro Stück. Die fixen Kosten waren höher als in früheren Konjunkturzyklen, die Ra-

tionalisierung war durch absolute Vergrößerung der fixen Produktionsanlagen, mithin auch der fixen Kosten erzielt. Die Erhöhung der fixen (buchhalterisch: General-) Unkosten je Stück konnte nicht mehr hinreichend durch Lohnsenkungen kompensiert werden, um die Profitrate und damit die Kapitalbildung wiederherzustellen." [78])

Künzel führt weitere Gründe für die Langlebigkeit der Depression an: Den Wechsel in der metropolitanen Führung der Weltwirtschaft von Großbritannien zu den USA, Zusammenbruch der weltwirtschaftlichen Arbeitsteilung, Zusammenbruch der wirtschaftlichen Aktivität durch Einschränkung der Bankenfinanzierung und in Deutschland Exportabhängigkeit der Wirtschaft.

Der Zusammenbruch der kapitalistischen Wirtschaft im Jahre 1929 reflektiert die von ihr unabhängige Entwicklung der Produktivkräfte. Jene konnte sich diese nicht mehr unterordnen. Die Rationalität der Arbeitsökonomie hatte einen Entfaltungsgrad erreicht, hinter dem das Vermögen der Betriebsleitungen weit zurückblieb, die Ökonomie des Marktes zu beherrschen und zwischen den beiden antagonistischen Momenten zu vermitteln. Der hohe Vergesellschaftungsgrad der Arbeit findet Ausdruck in der Automation nach der Logik von Zeit und Raum, also nach den Prinzipien der Transportmittel. Konkret wird sie auf die Verbundwirtschaft, die Fließproduktion und die Mechanisierung der Büroarbeit angewandt. Und sie forciert den Widerspruch zwischen Lohnarbeit und Kapital, zwischen gesellschaftlicher Arbeit und privater Aneignung. Die Produktivkräfte stießen an die Schranke, welche das Kapital der Produktion errichtet, indem es nur an Produktion um seiner selbst willen interessiert ist. Die Krise verlangte gebieterisch nach Besitzverhältnissen, in denen „die Produktionsmittel bloße Mittel für eine stets sich erweiternde Gestaltung des Lebensprozesses für die *Gesellschaft* der Produzenten sind" (Marx). Daß die Revolution nicht auf die Tagesordnung kam, daß dem Kapital eine quasi feudale — wenn man darunter eine sozio-kulturelle Regressionsstufe versteht — Atempause gegönnt wurde und daß der Faschismus das Kleinbügertum für das Kapital und gegen das Proletariat mobilisieren konnte, liegt am Verrat der Sozialdemokratie an den Arbeitern. Die Entwicklung der Produktivkräfte drohte die kapitalistische Fessel zu zerreißen. In der Ästhetisierung der Politik, im Faschismus wurde ein Ausweg gefunden, der dann mittels der Kriegswirtschaft dem Kapital die Rekonstruktion auf internationaler Ebene erlaubte: Produktion nicht reproduktiver Güter.

Dem Kapital stellte sich nach Kriegsende und nach Unterdrückung sozialistischer Tendenzen in den europäischen Industriestaaten weiterhin das Problem, Mittel und Wege zur Beherrschung der Marktökonomie zu finden, um auch wieder die Ökonomie der Arbeit unter seine Kontrolle zu bringen. Die Entwicklung der elektronischen Massenmedien leistete dabei wesentliche Schrittmacherdienste. Sie verhalfen dem kapitalistischen Krisenmanagement zum Durchbruch, welches oben unter dem Begriff der Ästhetisierung des Marktes gebracht wurde. Der einseitige Kommunikationsfluß, der die Massenmedien kennzeichnet, erlaubt es dem Kapital, seine Interessen durchzusetzen. Konkret heißt das, den Marktmechanismus so weit außer Kraft zu setzen, daß die Monopole in allen Fällen Monopolpreise verlangen können. Dies gelingt, weil die Massenmedien Kommunikation auf eine distributive Funktion verkürzen, auf die Zuteilung von Bedürfnissen, die nur durch Konsum (schein-) befriedigt werden können. „ . . . der Rundfunk (hat) *eine* Seite, wo er zwei haben müßte. Er ist ein reiner Distributionsapparat, er teilt lediglich zu.“ [79])

c) LOGIK DER KOMMUNIKATIONSMITTEL IN DER PRODUKTION

Mittels Marktforschung und Werbung versucht das Kapital, die Nachfrage zu steuern und zu beherrschen. Spekulative Information über die Aufnahmefähigkeit der Märkte wird zum Regulativ der Betriebsführung. Im Marketing hat sie ein Mittel gefunden, das die Information über den Bereich der Marktökonomie, der künstlich stimulierten Bedürfnisse zum Kriterium der Organisation der Arbeit machte. Auf diese Weise gelang es der herrschenden Klasse neuerlich die Funktion der Produktion vorübergehend wieder herzustellen, „nur Produktion für das Kapital" (M a r x) zu sein.

Die Produktionsweise des entwickelten Monopolkapitals, ihr ökonomischer Charakter ist durch kommunikative Operationen definiert. 1. ist die deformierte Kommunikation der Massenmedien Voraussetzung zur Konditionierung des Verbrauchs nach den Bedürfnissen der Unternehmer. 2. ist die Information (als der Inhalt kommunikativer Akte) Grundbedingung für die Beherrschung des Marktes durch das Kapital. 3. In der notwendigen Vermittlung zwischen Arbeits- und Marktökonomie gibt die Anpassung der Produktionsziffern an die Informationen über die Aufnahmefähigkeiten der Märkte den Ton an. 4. wird unter diesen Bedingungen hoher Informationsstand und reibungslose Kommunikation zwischen den Teilbereichen zum entscheidenden Kriterium der Produktion und der profitmaximierenden Betriebsführung überhaupt.

Damit erreicht die Entwicklung des Kapitals eine neue Stufe. Ihr ökonomischer Charakter ist bestimmt von der Organisation der Produktion nach dem Modell der Kommunikationsmittel. Sie reflektiert die Entfaltung der Produktivkräfte, die nun nicht bloß die maschinelle Produktion der Produktionsmittel erlauben, sondern vielmehr auch *die Produktion der Mittel zur Organisation der kapitalistischen Produktion* selbst zur Verfügung stellen. Die Datenverarbeitungsmaschinen fungieren als Kommunikationsmittel, die nicht bloß distributieren; sie haben vielmehr die Rückkoppelung zu ihrer Voraussetzung. Die Datenverarbeitung beherrscht sowohl die Speicherung sämtlicher Informationen, die in einem Betrieb relevant sind, macht sie rasch verfügbar und vermittelt Arbeitsvorbereitung, Auftragsstand, Lagerhaltung usf.

miteinander, als auch den Produktionsprozeß selbst, indem sie ihn in einem Informationsprozeß umformt.

„In der Fertigung herkömmlicher Art ist ein ‚hierarchischer' Informationsaustausch vorhanden, bei dem sowohl die Wege wie auch der Inhalt der Information zwischen den verschiedenen Fertigungsebenen völlig unterschiedlich sind. Die Gliederung dieses Informationsaustausches erfolgt aufgrund der einer bestimmten Person zugemessenen Autorität und wird selten von den Notwendigkeiten der Fertigung bestimmt werden. Damit verbunden ist der stufenweise Aufbau der Fertigung, der letzten Endes in kleine, dem planungs- und steuerungsmäßigen Eingriff nicht mehr zugängige Einheiten zerfällt. Im elektronischen Zeitalter ergeben sich für die Form des Informationsaustausches aufgrund der Verarbeitungsgeschwindigkeit, der Transportgeschwindigkeit und der neuen Selektionsverfahren (EDV) neue Möglichkeiten. Es gibt keine Berechtigung mehr, gewisse Informationen an bestimmten Stellen zu konzentrieren. Damit entwickelt sich eine ahierarchische Anordnung, bei der die Information gleichmäßig zwischen allen Stellen eines Fertigungssystems ausgetauscht wird oder zugänglich ist. Die Bereitstellung des Materials, die Herstellung der Endform der Werkstücke, die Kontrolle derselben und der Zusammenbau können nun tatsächlich als eine Kette von aufeinanderfolgenden ‚Informations'-Gängen aufgefaßt werden. Das bedeutet, daß auch die Bearbeitungsmaschine nicht mehr als ein von der Struktur des Betriebsganzen relativ unabhängiger Arbeitsplatz betrachtet werden kann, sondern als Glied einer Datenverarbeitungskette." [80])

Die Automation erreicht damit eine neue Stufe: „Das automatische System der Maschinerie selbst wird zu einem technischen Prozeß, zu einem Informationsprozeß, der (wenn auch nicht sämtliche) Funktionen des menschlichen Nervensystems übernimmt und vielfach genauer und schneller als der Mensch ausübt. Marx sah voraus, daß der Automat aus unzähligen ‚mechanischen' und ‚intellektuellen Organen' bestehen wird, daß in der Maschine eine ‚Akkumulation des Wissens und des Geschicks, der allgemeinen

Produktivkräfte des gesellschaftlichen Hirns' stattfindet und die Maschine ein ‚Virtuose, der eine eigene Seele besitzt', werden wird. Nach heutigen Begriffen ist das, was M a r x voraussah, das automatische System der Maschinerie, das das ‚intellektuelle Organ' zur Akkumulation von Informationen besitzt, also ein ‚Informationssystem' darstellt, der elektronische Rechner." [81])
Der Fortschritt der Produktivkräfte, der im elektronischen Rechner Gestalt annimmt, besteht darin, daß die Maschine nicht bloß Vergegenständlichung der körperlichen Arbeit, sondern nun auch der geistigen darstellt.
Auch S h i b a t a hebt hervor, daß damit der Betrachtung des Produktionsprozesses als Kommunikationsprozeß gesteigerte Bedeutung zukommt. „So durchlaufen z. B. im Produktionsprozeß in einer großen Fabrik mit den Rohstoffen oder Halbfabrikaten auch Anweisungen über Art und Stückzahl des Produkts die einzelnen Arbeitsplätze, so daß der Produktionsprozeß gleichzeitig ein Prozeß der Kommunikation mit fließenden ‚Informationen' ist." [82])
Die neue Stufe der Automation, welche nun erreicht wird, besteht darin, daß Maschinensysteme nicht mehr nur angewandt werden auf klar umrissene Produktionsgänge zur Herstellung eines bestimmten, unverwechselbaren und unveränderbaren Produkts auf massenweiser Stufenleiter, sondern daß es der in Form einer Datenverarbeitungskette automatisierten Produktion auch möglich ist, in ununterbrochener Abfolge verschiedenartige Produkte herzustellen. Im Vergleich zur Produktionsweise nach dem ökonomischen Charakter der Transportmittel ist damit eine ungeheure Flexibilität der Produktion gewonnen, die eine reibungslose Umstellung der gesamtgesellschaftlichen Produktion auf neue Zielvorstellungen (etwa Ersetzung der irrationalen kapitalistischen Motivation, die Produktivkräfte zu nutzen, durch rational sozialistische) in Aussicht stellt.
In der Maschinerie, die geistige Arbeit vergegenständlicht, nimmt die im Laufe der kapitalistischen Entwicklung verausgabte materielle Arbeitskraft, die sich bisher bloß sedimentierte in ver-

schleißbarer Form in der herkömmlichen Maschinerie, dauerhaften, nicht verschleißbaren Charakter an. In der Unverschleißbarkeit der geistigen Arbeit, wie sie in der Information Gestalt annimmt, ist ein Vergesellschaftungsgrad der Arbeit überhaupt erreicht, der die Aufrechterhaltung der Trennung zwischen geistiger und körperlicher Arbeit hinfällig macht. Diese kann tendenziell zu jeder Zeit und an jedem Ort über jene verfügen. S h i b a t a nennt vier Eigenschaften der Information, die diese These stützen. Er stellt fest, „daß wissenschaftliche Informationen erstens durch ihre Anwendung im unmittelbaren Arbeitsprozeß nicht abgenutzt werden, zweitens bei ihrer Anwendung im unmittelbaren Produktionsprozeß die Menschheit in einem Maße bereichern, das weit über die investierten Forschungskosten hinausgeht, daß drittens einmal gewonnene wissenschaftliche Informationen von jedem anderen Menschen genutzt werden können und ihm unentgeltlich zur Verfügung stehen, und daß sie viertens im allgemeinen überall in der Welt anwendbar sind und es damit möglich machen, das Gesetz der ungleichmäßigen Entwicklung des Kapitalismus und Imperialismus aufzuheben, daß sie also die Möglichkeit bieten, das Wert- und Mehrwertgesetz aufzuheben. (Diese Möglichkeit wird erst beim Übergang zum Sozialismus Wirklichkeit.)“ [83])

Über die wissenschaftliche Information hinaus gewinnt die Kommunikation selbst den Charakter einer allgemeinen Produktivkraft; sie hat — wie sich im neuen ökonomischen Charakter der kapitalistischen Produktionsweise zeigt — zentrale Bedeutung. Diese Bedeutung kommt ihr aber nicht abstrakt und nicht so sehr aufgrund ihres Einsatzes im Interesse des Kapitals zu, sondern aufgrund der Objektivität, welche sie durch die Vergegenständlichung verausgabter lebendiger körperlicher und geistiger Arbeitskraft in der Datenverarbeitungsmaschine annimmt. Und zwar vergegenständlicht sie diese in einer Form, daß sie tendenziell gesamtgesellschaftlich nutzbar gemacht werden kann. Sie weist damit die Schranken zurück, die der Entfaltung der Produktivkräfte vom Kapital errichtet sind, und peilt vielmehr, wie H e n d r i c h unterstreicht, eine „ahierarchische“, also demokratische — im Sinne der sozialen, nicht der parlamentarischen Demokratie — Organisation der Produktion an.

Der objektive Fortschritt, der in der Entwicklung der Produktivkräfte der Gesellschaft der Produzenten im allgemeinen und auf der neuen Stufe ihrer Entwicklung im besonderen gegeben ist, wird jedoch nicht dem Fortschritt der Gesellschaft der Produzenten selbst nutzbar gemacht, solange das Kapital die lebendige Arbeitskraft und die ihr geschuldeten allgemeinen Produktivkräfte in seinen Dienst preßt. Das trifft zu auch auf die Anwendung der Datenverarbeitungsmaschinen, den Einsatz von Information und Kommunikation usf. im entwickelten Monopolkapitalismus: Obwohl er über die Agentur des Staates der herrschenden Klasse konzentrierteste Anstrengungen der gesamten Gesellschaft zur Finanzierung seines „Fortschrittes“ verlangt, kommt dieser nicht der gesamten Gesellschaft, sondern bloß dem privaten Kapitalbesitz zugute. Unter den von ihm diktierten Besitzverhältnissen der kapitalistischen Gesellschaft werden die Möglichkeiten von Information und Kommunikation verkürzt und verstümmelt. Es „nimmt die Trennung zwischen körperlicher und geistiger Arbeit unter den Bedingungen des Kapitalismus weiter zu. Dabei werden die Informationen dem Arbeitsprozeß entfremdet und vom Kapitalisten oder seinen Vertretern angeeignet, während der Arbeiter uninformiert bleibt. Besonders in der Großindustrie, wo der technische Prozeß der Arbeit in einen wissenschaftlichen Prozeß, in ein hoch entwickeltes Informationssystem übergeht, kommt es durch die *kapitalistischen Verhältnisse* in diesem technischen Prozeß zur Entfremdung des Arbeiters von der Wissenschaft, von der Information und zu seiner geistigen Verarmung. Die Entwicklung des automatischen Systems der Maschinerie und damit die Durchsetzung des Produktionsprozesses mit Informationen führen unter der Bedingung des Kapitalismus dazu, daß die Arbeit für die überwiegende Zahl der Arbeiter eintönig und inhaltsleer (ohne Information) wird, daß — . . . —

neue Berufskrankheiten entstehen, daß es schließlich immer mehr Versetzungen und Entlassungen gibt." [84])

Die Aufrechterhaltung der herrschenden Besitzverhältnisse verlangt also, „daß sich die Arbeitsorganisation immer mehr bürokratisch-zentralistisch und im Rahmen von ‚small groups' entwickelt, daß das Prinzip des demokratischen Zentralismus, das dem organisatorischen Informationsprozeß der Großindustrie immanent ist, verletzt und die Informationsübertragung (Kommunikation) gestört (zur Dekommunikation) wird." [85]) Die Entwicklung vielseitiger Persönlichkeiten und die Nutzung der entwickelten Produktivkräfte für den Menschen und die Ausbildung seiner universellen Fähigkeiten ist unter diesen Bedingungen weiter entfernt denn je. Indessen kommt es zu ganz konkreten Auswirkungen auf die Arbeitsbedingungen der Lohnarbeiter.

Der Einfluß der Datenverarbeitungsmaschinen auf die Neugestaltung der Büroarbeit ist evident. Wesentlich erscheint jedoch, daß die fortschrittlichsten Bereiche der Produktion, also weitgehend realisierte Organisation der Herstellung nach dem ökonomischen Charakter, welcher die Logik der Kommunikationsmittel widerspiegelt, der materiellen Arbeit den Charakter von Büroarbeit zuweisen. „So besteht die Arbeit beispielsweise in Kraftwerken, Ölraffinerien oder petrochemischen Betrieben nicht mehr darin, Naturprodukte unmittelbar zu verarbeiten, sondern vielmehr im Beobachten von Meßgeräten, also im Registrieren und Analysieren von ‚Informationen', so daß sie der Büroarbeit, deren Objekt ‚Informationen' sind, nahekommt bzw. praktisch schon nicht mehr von ihr zu unterscheiden ist. Je höherentwickelt die Großindustrie wird, desto mehr nimmt die Arbeit den Charakter von Büroarbeit an, und zwar unabhängig davon, ob es sich um Arbeit im Produktionsbetrieb oder im Büro handelt. Insofern erhalten Informationsverarbeitung und -registrierung immer größeres Gewicht im *‚unmittelbaren* Produktionsprozeß'." [86])

Der Begriff der Büroarbeit darf nicht darüber hinwegtäuschen, daß die Lohnarbeit weiter steigenden Anforderungen seitens der kapitalistischen Unternehmen an sie und gesteigerter Ausbeutung unterliegt. Auch in diesem Punkt führt Shibata überzeugende Beweise an: „Die außerordentliche Zunahme von Computern in Japan und ihre *kapitalistische* Anwendung beeinflussen auch in starkem Maße die Situation der Arbeiterklasse. Der raschere moralische Verschleiß des Computers erfordert allgemein die Verlängerung der Arbeitszeit durch Schicht- und Nachtarbeit, wobei immer häufiger auch Nervenstörungen und neue Berufskrankheiten (z. B. Sehnenscheidenentzündung) zu verzeichnen sind. Beispielsweise ergab eine 1969 in Japan durchgeführte Untersuchung, daß nur 15,8 % der mit eigenen Computern arbeitenden Unternehmen auf eine durchschnittliche monatliche Laufzeit der Computer von weniger als 200 Stunden kommen (obwohl das japanische Arbeitsgesetz eine wöchentliche Arbeitszeit von unter 44 Stunden vorschreibt und die monatliche Arbeitszeit demnach unter 180 Stunden liegen müßte). Die durchschnittliche Laufzeit eines Computers pro Monat erhöhte sich von 265,3 Stunden im Jahr 1968 auf 322,6 Stunden im Jahr 1969. Nur 25,2 % der befragten Betriebe wiesen für die an Computern beschäftigten Arbeiter weniger als 20 Überstunden pro Monat auf. Ferner nahm die Anzahl der Betriebe zu, die mit der Übernahme von Computern zur Schichtarbeit übergingen und die Arbeitszeit verlängerten. Immer mehr Arbeiter leiden auf Grund der zunehmenden Arbeitsintensivierung an Sehnenscheidenentzündung sowie Lähmung der Finger und anderer Körperteile. Während 1955 pro Tag 7,2 von 10 000 Einwohnern wegen Sehnenscheidenentzündung in ärztlicher Behandlung waren, erhöhte sich diese Zahl im Jahre 1967 auf 32,3. Vergleicht man den jährlichen Durchschnitt der Jahre 1955—1957 und 1965—1967, so ist eine Zunahme der Kranken pro 10 000 Einwohner um 180 % zu verzeichnen, wobei allerdings Sehnenscheidenentzündung mit 395 %, Kreislauferkrankungen und Erkrankungen des Nervensystems und der Sinnesorgane mit 257 % vertreten sind. Außerdem hat sich in den mit Computern arbeitenden Unternehmen eine große Veränderung in der Zusammensetzung der Arbeiter ergeben. Es vergrößerte sich vor allem der Anteil der Forschungsarbeiter, Techniker

und der an Computern eingesetzten Arbeiter (system ingeneers, programmers, operators, keypunchers)." [87])
Die kapitalistische Produktionsweise erlangt einen neuen ökonomischen Charakter, indem sie die Logik der Kommunikationsmittel annimmt. Dem System gelingt es scheinbar, erstmals einen Gleichklang zwischen Arbeits- und Marktökonomie herzustellen. Beide Bereiche beherrscht das Kapital mittels Kommunikationsmitteln, und erreicht so anscheinend eine Kongruenz von Produktion und Konsumtion. Dieser Fortschritt beschränkt sich aber darauf, Fortschritt im Sinne kapitalistischen Krisenmanagements zu sein; die Kongruenz ist eine äußerliche, bloß formale. Sie kommt nicht der Allgemeinheit der den Mehrwert produzierenden Lohnarbeiter zugute, sondern der Aufrechterhaltung der kapitalistischen Herrschaft. Die Irrationalität des Systems wird durch die äußerlich gleiche Formbestimmtheit von Produktion und Konsumtion bloß übertüncht: Die Kommunikationsmittel werden eingesetzt, um die gesamtgesellschaftliche Konsumtion an eine Produktion anzupassen, welche ausschließlich den Verwertungsinteressen des Kapitals gehorcht.
Augenfällig wird dies an der Art, in der das Kapital den Fortschritt der Produktivkräfte in seinem Sinne instrumentiert. Die tendenziellen Möglichkeiten, die eine bewußte Organisation des Produktionsprozesses als Informationsprozeß umfaßt, wurden bereits dargestellt. Offenkundig ist jedoch, daß diese Möglichkeiten einer „ahierarchischen" Anordnung der Produktionsstufen und Leitungsfunktionen sowie die Zugängigkeit sämtlicher produktionsrelevanter Informationen von jedem beliebigen Punkt im Produktionsprozeß aus, die Vergesellschaftung nicht nur der Arbeit, sondern auch der Verfügung über ihre Resultate im Kapitalismus nicht realisiert werden. Der Entwicklung der Kommunikationsmittel für den Arbeitsprozeß steht die Dekommunikation der Arbeitskraft gegenüber.
Es ist offenkundig, daß das Kapital seine ehedem objektiv vorhandene Funktion, Schubkraft der gesellschaftlichen Entwicklung zu sein, endgültig verloren hat. Im wesentlichen war dieser Punkt

bereits erreicht mit dem Umschlagen des Konkurrenz- in den Monopolkapitalismus, der sich nach L e n i n , der sich wieder auf bürgerliche Theoretiker stützt, in und nach der Krise 1900—1903 endgültig durchgesetzt hatte. Seit dem Beginn der monopolistischen Vorherrschaft in der kapitalistischen Wirtschaft hat das Kapital die Eigenschaft abgelegt, die Entwicklung der Produktivkräfte voranzutreiben; vielmehr fungiert es nur mehr als deren Schranke. Zwar unterjocht sich das Kapital weiterhin den Fortschritt der Produktivkräfte, aber um den Preis ihrer Verkürzung und Verstümmelung. Was bereits an der Verbundwirtschaft klar wurde, nämlich daß die entwickelten Produktivkräfte gebieterisch nach einer nur im Sozialismus möglichen rationalen Einrichtung der Gesamtwirtschaft verlangen, geht umso deutlicher hervor aus den Perspektiven einer nach der Logik der Kommunikationsmittel organisierten Produktion und ihrer Deformation unter kapitalistischen Besitzverhältnissen.

Der Versuch, die kapitalistische Entwicklung am wechselnden ökonomischen Charakter der Produktionsweise festzumachen, stellt einen Zusammenhang her zwischen der Tendenz des Kapitals, sich auf erweiterter Stufenleiter zu reproduzieren, und der davon letzten Endes unabhängigen Entfaltung der Produktivkräfte.

Tatsache ist, daß die Krisenanfälligkeit auch durch den Kurzschluß zwischen Produktions- und Konsumtionssphäre, wie ihn die sogenannte Informationsgesellschaft anstrebt, nicht gebannt ist. Die erst in Ansätzen realisierte Organisation der kapitalistischen Produktionsweise nach diesem neuen Charakter treibt vielmehr die Entfremdung weiter voran und verschärft die ungleichmäßige Entwicklung des Kapitals, weil der hohe Finanzbedarf solcher „Automation“ die dem Kapitalismus eigene Metropolen/Kolonien-Struktur nur weiter vorantreibt.

Exkurs:

ÜBER DIE ÖKONOMIE DER MASSENMEDIEN

„Doch zurück zur Ware: Nachdem ihre Oberfläche sich von ihr abgelöst hat und zu ihrer zweiten Oberfläche geworden ist, die in der Regel unvergleichlich perfekter als die erste ist, löst sie sich vollends los, entleibt sich und fliegt als bunter Geist der Ware in alle Welt, zirkuliert drahtlos in jedes Haus, die wirkliche Zirkulation der Ware anbahnend. Niemand ist mehr vor ihren Liebesblicken sicher. Die Realisationsabsicht wirft sie mit der abgezogenen, technisch ungeheuer perfektionierten Erscheinung vielversprechenden Gebrauchswertes nach den Kunden, in deren Brieftaschen — noch — das Äquivalent des so verkleideten Tauschwerts sich befindet." (W. F. Haug) [88])

Eine Form der Kritik an den Massenmedien ist festgemacht an der Analyse der Informations- und Unterhaltungsinhalte. Presse und Rundfunk werden nach den Strukturen der Manipulation befragt, die in ihnen betrieben wird. Derartige Untersuchungen versuchen dingfest zu machen, was jeder weiß: die willkürliche, parteiische und deformierende Wiedergabe politischer Wirklichkeit durch den bürgerlichen Journalismus.

Eine andere Form der Kritik an den Massenmedien stellt sich die Aufgabe, den Warencharakter oder die Warenform von Information und Unterhaltung herauszubekommen. Arbeiten, in denen diese Zielsetzung dominiert, sind in der Regel charakterisiert durch eine Einschränkung des Forschungsfeldes, die sich aus Adornos Begriff von der Kulturindustrie herleitet. Er unterstellt, daß die Kulturproduktion herausgelöst aus dem Zusammenhang der gesamtgesellschaftlichen Produktion gesehen werden kann. Dem künstlerischen Individuum wird damit ein Hintertürchen offen gelassen; der Künstler darf sich weiterhin als Originalgenie betrachten, sofern er sich mit der Kulturindustrie nicht einläßt.

Die Unterstellung, der einzelne könne sich gegen die monopolkapitalistischen Strukturen der Gesellschaft zur Wehr setzen, hatte auch ihre Auswirkungen auf die neue Linke. Grundsätzlich zeigt sich das in ihren Vorbehalten gegenüber der revolutionären Partei. Hier ist aber von Bedeutung, daß sich das auch ausdrückt in ihrer fehlgeschlagenen Massenmedienstrategie, die Reaktionen zu unterwandern, um die Informationsfilter zu durchlöchern. Sie ist nicht nur an der Wachsamkeit der Reaktion gescheitert; vielmehr war ausschlaggebend, daß dieser Strategie eine Fehleinschätzung der Massenmedien zu Grunde gelegen hat. Diese Fehleinschätzung hat ihre Wurzeln in den Halbwahrheiten z. B. Adornos und Habermas'. Indem sie die Resultate einer Entwicklung — nämlich die Vergesellschaftung der sogenannten künstlerischen Produktion — herausstellten, glaubten sie den Gesamtzusammenhang begriffen zu haben.

„Kulturindustrie mißbraucht die Rücksicht auf die Massen dazu, ihre als gegeben und unabänderlich vorausgesetzte Mentalität zu verdoppeln, zu befestigen, zu verstärken. Durchweg ist ausgeschlossen, wodurch diese Mentalität ausgeschlossen werden könnte. . . . Kulturindustrie geht über in public relations, die Herstellung eines good will schlechthin, ohne Rücksicht auf besondere Firmen und Verkaufsobjekte. An den Mann gebracht wird allgemeines unkritisches Einverständnis, Reklame gemacht für die Welt, so wie jedes kulturindustrielle Produkt seine eigene Reklame ist.“ [89]) Adorno setzt als Zielgruppe der Massenmedien die Massen schlechthin ein und unterstellt, die Kulturindustrie habe die Mittel zur Hand, so auf ihr Publikum einzuwirken, daß „diese Mentalität ausgeschlossen werden könnte“. Dabei wird unterschlagen, daß die Massenmedien auf das geistige Elend bloß der Menschen bauen, die unproduktiv tätig sind in den ausufernden Bereichen der öffentlichen und Betriebsverwaltung. Sie durchschauen den durch die Besitzverhältnisse gegebenen gesellschaftlichen Gesamtzusammenhang nicht und schlafen auch nicht ein vorm Fernseher, weil sie nicht in die Mehrwertproduktion eingespannt sind, sondern ihre Funktion in der Mehrwertrealisierung und ihren Lebenszweck in der Feierabendunterhaltung finden. Adorno hingegen totalisiert den Wirkungsbereich der Massenmedien. Damit bringt er nur zum Ausdruck, daß das Bildungsbürgertum funktionslos geworden ist, als Ideologielieferant angesichts der Vergesellschaftung kultureller Produktion. Gerade deswegen läuft er aber Sturm gegen ein Resultat, dessen Ursache Brecht längst klar genug herausgestellt hatte.

„Aber ganz abgesehen von seiner zweifelhaften Funktion (wer vieles bringt, wird keinem etwas bringen), hat der Rundfunk eine Seite wo er zwei haben müßte. Er ist ein reiner Distributionsapparat, er teilt lediglich zu.“ [90]) Mit diesem Faktum ist im Wesentlichen alles gesagt, was zu den Massenmedien zu sagen ist. Ihre so definierte Funktion schließt emanzipatorische Effekte aus; vielmehr sind sie notwendig Distributionsapparate der herrschenden Ideologie. Diese Seite der Medaille stand in Adornos Blickpunkt: „Die Ordnungsbegriffe, die sie (die Kulturindustrie — L. H.) einhämmert, sind allemal solche des status quo. Sie werden unbefragt, unanalysiert, undialektisch unterstellt, auch wenn sie keinem derjenigen mehr substantiell sind, die sie sich gefallen lassen. Der kategorische Imperativ der Kulturindustrie hat, zum Unterschied vom Kantischen, mit der Freiheit nichts mehr gemein. Er lautet: du sollst dich fügen, ohne Angabe worein; fügen in das, was ohnehin ist, und in das, was, als Reflex auf dessen Macht und Allgegenwart, alle ohnehin denken. Anpassung tritt kraft der Kulturindustrie anstelle von Bewußtsein: nie wird die Ordnung, die aus ihr herausspringt, mit dem konfrontiert, was sie zu sein beansprucht, oder den realen Interessen der Menschen. Ordnung ist aber nicht ein ansich Gutes. Sie wäre es einzig als richtige. . . . Was die Kulturindustrie ausheckt, sind keine Anweisungen zum seligen Leben und auch keine neue Kunst moralischer Verantwortung, sondern Ermahnungen, dem zu parieren, wohinter die mächtigen Interessen stehen.“ [91]) Adorno stellt den systemstabilisierenden Charakter der Kulturindustrie heraus, dringt aber nicht zur marxistischen Analyse vor. Ihm graut zwar vor dem Totalitarismus der monopolkapitalistischen Gesellschaft, er verweigert aber die Wahrnehmung, daß unter den aktuellen Bedingungen der erweiterten Reproduktion des Kapitals zwangsläufig zusätzliche Trägergruppen herangezogen werden zur Bewahrung der Besitzverhältnisse. So beklagt Adorno letzten Endes, daß sich das Kapital nun mit der Freiheit kultureller Eliten nicht mehr begnügen kann, sondern zur Aufrechterhaltung des Systems auf die Erfassung breiterer Schichten durch die Vergesellschaftung der kulturellen Produktion angewiesen ist. Die Behauptung Adornos, sowohl „die realen Interessen der Menschen", als auch die „Mentalität der Massen" zu kennen, gerinnt in der verworrenen Erwartung, der ganze Mensch und die ganze Gesellschaft sei durch Aufklärung vom Überbau her zu verändern, „als richtige" zu installieren.

Was Adorno beklagt, vergleicht Habermas mit der guten alten Zeit, die ihm als kapitalistische Idylle erscheint. Auch hier dringt durch, daß dem elitären Denkansatz vor allem zuwider ist, daß nicht mehr Bürger mit Bürgern verkehren, sondern die „Öffentlichkeit" Elemente mit einbezieht, die aus der Elite herausfallen. Es ist der Versuch der bürgerlichen Meinungsmacher, sich an die Massen zu wenden, der Habermas mißfällt. Solange die Bourgeoisie unter sich ist, funktioniert ihre öffentliche Meinung: „Auf dem Weg vom Journalismus der schriftstellernden Privatleute zu den öffentlichen Dienstleistungen der Massenmedien verändert sich die Sphäre der Öffentlichkeit durch das Einströmen privater Interessen, die in ihr privilegiert zur Darstellung kommen — obwohl sie keineswegs mehr eo ipso für die Interessen der Privatleute *als* Publikum repräsentativ sind. Die Trennung von Öffentlichkeit und Privatsphäre implizierte, daß die Konkurrenz privater Interessen grundsätzlich dem Regulativ des Marktes überlassen und aus dem öffentlichen Streit der Meinungen herausgehalten wurde. Indem aber die Öffentlichkeit für geschäftliche Werbung in Anspruch genommen wird, wirken unvermittelt Privatleute als Privateigentümer auf die Privatleute als Publikum ein."[92]) Die Verwertungsinteressen des einzelnen Kapitals im Kapitalismus als Privatsache zu begreifen ist naiv. Sie werden als „öffentliches" Interesse in verschiedenen Zeiten nur verschieden durchgesetzt. Richtig ist die Wahrnehmung, daß das Kapital im Laufe der Zeit die öffentliche Meinung immer stärker in den Dienst der Reklame für einzelne Waren stellt. „Auf diese dritte Phase der Entwicklung trifft B ü c h e r s bekannte Definition zu, ‚daß die Zeitung den Charakter einer Unternehmung annimmt, welche Anzeigen als Ware produziert, die durch den redaktionellen Teil absetzbar wird'."[93]) Die hier unterstellte Trennung zwischen redaktionellem und Anzeigenteil verbaut jedoch den klaren Blick auf die Funktion der Massenmedien. Sie muß bestimmt werden, wenn man nicht bloß ihre Funktionsweise beklagen will. Zu diesem Zweck ist es notwendig, die am Inhalt von Information und Unterhaltung orientierte Kritik an den Massenmedien überhaupt fallen zu lassen. Denn sie wird letzten Endes bloß einer Überbewertung kommunikativer Handlungen gerecht, wie sie aus der bürgerlichen Bildung resultiert, sagt aber nichts aus über die Funktion der Massenmedien. Sie besteht in der exakten Erfüllung von Bedürfnissen des Kapitals. Diese werden von den Massenmedien gedeckt, nicht durch eine bis ins letzte Detail gehende Kontrolle ihrer Dienstleistungsangebote, was ja ohnehin unmöglich wäre, sondern vermittelt durch eine „Aura" neuer Art, die nicht nur dem Publikum, sondern gleichermaßen auch den subalternen Meinungsmachern, die ihre Manipulationsarbeit weitgehend unbewußt verrichten, ein- und heimleuchtet. D i e t e r P r o k o p hat einen Übergang hergestellt von der Medienkritik, welche ihren Standpunkt auf den kulturindustriellen Ansatz verkürzt, zur Analyse, die die Produktionsbedingungen, den Fortschritt der Produktivkräfte und ihre Organisationsform reflektiert. „Selbst wenn ein beträchtlicher Teil der ‚Botschaften' der Medien an ihre Adressaten vermutlich einfach abprallen, so ist es wichtig, (angesichts dieser Freiwilligkeit) die noch implizierten Herrschaftsaspekte nicht zu vergessen. Diese liegen innerpsychisch darin, daß der formal perfekte Pluralismus das Realitätsprinzip (Leistungsprinzip) gegenüber den gleichgewichtsbedrohenden besonderen Gebrauchsansprüchen stärkt. Formale Betriebsamkeit, Pluralität und Buntheit des Angebots führen, da sie regressive, selbst formale Momente im Bewußtsein der Rezipienten stärken, zur praktischen Einübung psychischer Disziplin. Gerade die Institution der ‚Unterhaltung' mit Amusement und escape gleichzusetzen ist falsch: Sie stellt statt dessen ein ‚Geld' im Tausch zwischen Produzenten und Konsumenten dar, mittels dessen die empirisch vorhandene Bereitschaft zur Abwehr gleichgewichtsbedrohender Glücksansprüche durch die Garantie formaler Vielfalt und Perfektion gratifiziert wird." [94])

In diesem Zitat wird die „Aura" und ihre Funktion beschrieben, mittels derer die Massenmedien den Mittelschichten die Wirklichkeit ersetzen. In ihnen wird eine künstliche Realität aufgebaut, die mit der sozialen nichts mehr gemein hat, um die Menschen der Begriffe zum Begreifen ihrer realen Situation zu berauben. Die Massenmedien bauen also keine deformierte, sondern eine ganz andere Wirklichkeit auf. Insofern greift die am Inhaltlichen orientierte Kritik zu kurz, welche z. B. nachweist, daß Elemente der politischen Wirklichkeit regelmäßig parteiisch wiedergegeben werden. Denn den Massenmedien geht es letzten Endes nicht um die Darstellung dieser Wirklichkeitsaspekte, sondern um die Herstellung einer anderen Wirklichkeit, in der Elemente der politischen und sozialen Realität bestenfalls als Bausteine fungieren. So ist mit Sicherheit zu behaupten, daß etwa eine radikale Änderung in der Vietnamberichterstattung ohne jede Auswirkung auf das Publikum bleiben würde. Fallweise ergibt sich ohnehin die Notwendigkeit von Einstellungswechsel, um die Farbigkeit der Informationsshows zu gewährleisten.

Das Gestaltungsprinzip der Massenmedien ist faßbar im Begriff eines historischen Idealismus. Unterschiedslos werden von sich aus sozial irrelevante Bilder aus Sport und Showbusiness, der künstlich aufrechterhaltenen Kulturproduktion im engeren Sinn, ihrer politischen und sozialen Dimension entkleidete „Ereignisse" usf. als Material verwendet, um daraus Information und Unterhaltung zu klittern, also eine neue Wirklichkeit herzustellen und nicht die konkrete vorzustellen. Was die Massenmedien distributieren, einem jeden Leser, Hörer, Seher zuteilen, ist ein Quantum der permanenten Entwöhnungskur von der Fähigkeit, die Situation, die soziale Wirklichkeit, in der man steckt, analysieren, bewerten und verändern zu können. Daß das System schon daraus genug Nutzen zieht, ist offenkundig. Das Interesse des Kapitals an einem so komplizierten Apparat ist aber daraus allein nicht hinlänglich zu erklären. Seine Bedürfnisse müssen direkter befriedigt werden, als dies vermitteltes Krisenmanagement tut.

Die Distributionsfunktion der Massenmedien paßt dem entwikkelten Monopolkapital insofern in sein System der Organisation der Produktion, als diese die Gewähr dafür bieten, daß die Zirkulation der Produktion angepaßt werden kann. Ist der Entwicklungsstufe des Kapitals in der Nachkriegszeit die Organisation der Produktion im Sinne eines Informationsflusses adäquat und zeichnet sich diese Phase generell dadurch aus, daß sich der maschinenmäßigen Produktion mit der Datenverarbeitung auch die Produktion der Organisation unterordnet, so entspricht dem auf der Seite der Distribution die Verteilung mit Hilfe von Kommunikationsmitteln, deren Möglichkeiten freilich verkürzt sind: sie teilen lediglich zu.

Nicht nur in den Werbesendungen, um die das Programm gruppiert ist, sondern auch in den Informations- und Unterhaltungsteilen der Massenmedien zirkulieren die Abbilder des verpakkungsmäßigen Erscheinungbildes von Waren, das selbst wieder verschönerter Abzug der Waren selbst ist. Dem Publikum wird ein Eindruck von der Farbigkeit des Markenartikelangebots mit- und zugeteilt, den es braucht, um die Waren zu identifizieren, wenn es als Käufer ihrem verpackungsmäßigen Erscheinungsbild gegenübertritt. Da die Menschen als Publikum der Massenmedien über die Abbilder der wünschbar und besitznotwendigen Waren verfügen, sind sie befähigt als Konsumenten ihre als „frei“ hingestellte Wahl zu treffen. Was sie damit treffen, ist allerdings nicht eine freie Wahl; es geht dabei vielmehr um einen Identifi-

aktionsakt, der letztlich ihre Identifikation mit dem Kapitalinteresse erzwingt.
Daß die Menschen diesem einseitigen Zuteilungsverhältnis nicht entkommen können, ist begründet in der Konstruktion der Apparate, von denen sie beliefert werden. Das Publikum erscheint verurteilt zur Passivität; es darf nicht nachfragen und dagegenreden, was auch technisch nicht möglich ist, wo es sich um die drahtlose Zirkulation von Abbildern handelt. Die Massenmedien sind für das Monopolkapital ein Mittel, das es ihm erlaubt, den Menschen in Platons Höhle zurückzuversetzen. Vor dem Fernsehgerät sitzt er mit dem Rücken zur Welt, in der sich sein Schicksal entscheidet. Die Schatten der Waren, die er als wirkliche Gegenstände wahrnimmt, werden für ihn aber der Inbegriff des Lebens überhaupt.
Die primäre Funktion der Massenmedien ist nicht „Manipulation" im üblichen Sinne; vielmehr ist mit ihrer Hilfe erstmals der Versuch geglückt, die Zirkulation und die Distribution exakt dem ökonomischen Charakter der Produktion anzupassen. Die Organisation der Produktion nach dem Prinzip der Kommunikationsmittel findet ihr Pendant in der Organisation der Konsumtion durch die Massenmedien. Beide Aspekte sind zwei Seiten einer Medaille.
Die Indienstnahme der menschlichen Arbeitskraft durch das Kapital wird nun begleitet von der Indienstnahme der menschlichen Bedürfnisse durch das Verwertungsinteresse des Kapitals im Bereich der Zirkulation. Die Tendenz des Kapitals, sich sämtliche Lebensbereiche des Menschen zu unterwerfen, schließt sich an diesem Punkt. Dieses Resultat ist erkauft um den Preis des Totalitarismus: Indem unterstellt wird, daß Teilaspekte den Menschen und sein „glückliches Leben" ausmachen, fällt ein immer größerer Teil der universellen Fähigkeiten des Menschen aus dem Bild heraus, das sich das Kapital von ihm macht. Die Deformation des kapitalistischen Menschenbildes hat zur Kehrseite die realen Fähigkeiten des Menschen, welche unter dem steigenden Druck trotz der tendentiell abzusehenden Gegenmaßnahmen durch Be-

tonung der Freizeitkultur, den 2., 3. usf. Bildungsweg etc. zur Aktion gedrängt werden, um aus dem Rahmen des Kapitals zu fallen, ihn zu zerbrechen.
Erzwungen ist die fortschreitende Tendenz des Kapitals, sich den ganzen Menschen zu unterwerfen, von der Notwendigkeit seiner erweiterten Reproduktion. Im Bereich der Produktion drängt sie zur Funktionalisierung der fortschreitenden Entfaltung der Produktivkräfte, die in der maschinellen Produktion von Maschinen, welche die Arbeitskraft nicht nur ersetzen, sondern auch organisieren, in der Automation durch die Datenverarbeitung, eine neue Ebene erreicht haben. Die Rationalität der Arbeitsökonomie stößt aber an die Grenzen des Marktmechanismus, der nur umgangen werden kann, wenn das Kapital frei über die Kauflust und die Zahlungsfähigkeit des Publikums verfügen kann, also wenn es selbst die Bedürfnisse der Menschen produziert. In der Konstruktion der Massenmedien, wie wir sie in den kapitalistischen Staaten antreffen, hat das Kapital den anscheinend perfekten Weg gefunden, durch Zuteilung von Schein im Publikum diejenigen Bedürfnisse zu produzieren, welche sich mit den Verwertungsinteressen des Kapitals decken.
In diesem Sinn ist es dem entwickelten Monopolkapitalismus in der Nachkriegszeit anscheinend gelungen, den Widerspruch zwischen Arbeits- und Marktökonomie zu meistern. Der schillernde Schleier, hinter dem sich die gesellschaftliche Wirklichkeit des Kapitalismus verbirgt, ist aber nicht zu zerreißen durch die Kritik an den Massenmedien. Er ist vielmehr aufzurollen von der Analyse der kapitalistischen Produktionsweise und den in ihr steckenden Widersprüchen her.

PRODUKTION VON MANGEL IM KAPITALISMUS

Das Bewegungsgesetz des Kapitalismus ist bestimmt von der Tendenz des Kapitals, sich mehrwertbildend zu verwerten. Andererseits ist es von der Notwendigkeit diktiert, die dynamische Entfaltung der Produktivkräfte in die Schranken der kapitalistischen Produktionsverhältnisse zu pressen. Diese Dynamik erfordert ein fortwährendes Krisenmanagement. Es hat den Grundwiderspruch zwischen Kapital und Lohnarbeit durch organisatorische Maßnahmen auszugleichen. Sie setzen an im Gegensatz von Arbeits- und Marktökonomie und erhalten Hilfestellung durch den kapitalistischen Staat. Dieses Bemühen findet seinen Niederschlag in der Veränderung des ökonomischen Charakters als Bestimmungskriterium der Organisationsweise der Produktionsmittel. Durch organisatorische Mobilität gelingt es dem Kapital vorläufig, sich den fortschreitenden Vergesellschaftungsgrad der Produktion zu Nutze zu machen. Dies geschieht um den Preis einer immer umfassenderen Indienstnahme des ganzen Menschen durch das Kapital. Der gesellschaftliche Gesamtarbeiter wird im Kapitalismus instrumentiert nach den Bedürfnissen der herrschenden Klasse. Sie sind abgeleitet von den Verwertungsinteressen des Kapitals.

Daraus folgt, daß in allen jenen Entwicklungstendenzen, die dem Kapital die Aufrechterhaltung seiner Herrschaft erlauben, keine unmittelbaren emanzipatorischen Momente stecken. Unter diesem Gesichtspunkt wurde bereits das Gerede von der „wissenschaftlich technischen Revolution“ als Illusion entlarvt. Die Beschreibung der formalen Bestimmungspunkte des Kapitalismus und der in ihnen steckenden Tendenz, die vorfindlichen Besitzverhältnisse zu durchbrechen, bleibt abstrakt, solange nicht auch die Kehrseite dieser Medaille betrachtet wird. Sie wird im Elend der Produzenten auf den Begriff gebracht, das aus der Tatsache resultiert, „daß die Produktion nur Produktion für das *Kapital* ist und nicht umgekehrt die Produktionsmittel bloße Mittel für eine stets sich erweiternde Gestaltung des Lebensprozesses für die *Gesellschaft* der Produzenten sind." [95]) Indem die Produktion im Kapitalismus also die Vermehrung des Reichtums der Kapitalisten zum Ziel hat, hat sie vom Gesichtspunkt der Gesellschaft der Produzenten her die Produktion von Mangel zum Haupteffekt. Worauf dies hinausläuft, wurde vulgärmarxistisch im Begriff der Verelendung zu fassen gesucht. Die Verelendungstheorie greift zu kurz, wo sie aus der handgreiflichen Verelendung des Proletariats im 19. Jahrhundert eine geradlinig fortschreitende Tendenz ableitet, die in Verbindung mit der Polarisierung der Klassen zum mechanisch gedachten Auslöser der Revolution, des Umsturzes der Besitzverhältnisse führen muß. Richtig daran ist, daß die Produktion von Mangel ein strukturelles Moment der kapitalistischen Produktionsweise ist. Daran ist nicht zu rütteln, wenngleich sich im Laufe der kapitalistischen Entwicklung die Form verändert hat, in der dieser Mangel zu Tage tritt. Diese Veränderungen reflektieren die Entfaltung des Kapitals, sind aber festgemacht am immer gleichen strukturellen Moment der kapitalistischen Produktionsweise, nämlich an seiner Tendenz zur Überproduktion bzw. Unterkonsumtion.

„Der Produktion fehlt jedes Ziel, wenn sie nicht auf ein bestimmtes Ziel in der Konsumtion abgestellt ist, aber der Kapitalismus versucht die Produktion auszudehnen ohne Rücksicht auf die Konsumtion, die allein ihr Bedeutung verleihen kann." [96]) Aufgrund dieses Faktums ist der kapitalistischen Produktion die Tendenz immanent, mehr zu produzieren als verkauft werden kann. Wenn dies der Fall ist, wird der Verwertungsprozeß des Kapitals unterbrochen; der Kapitalist kommt nicht mehr auf seine Rechnung, während die kapitalistische Wirtschaft in eine Krise gerät. Die daraus resultierende Entwertung des Produktionskapitals stellt schließlich in Verbindung mit der Senkung der Lohnrate Bedingungen her, unter denen die Produktion für den Kapitalisten wieder profitabler ist. Der Kreislauf kann von vorne beginnen. Die Tendenz zur Krise beruht also nicht auf Zufälligkeiten; sie ist vielmehr gesetzmäßig. „Das Wesen der Unterkonsumtionstheorie kann nun kurz definiert werden. Da die Kapitalisten, die Lenkung der Produktionskräfte und des Geldkapitals kontrollieren, derart handeln, daß daraus eine stetige Reduktion im Verhältnis

$$\frac{\text{Wachstumsrate der Konsumtion}}{\text{Wachstumsrate der Produktionsmittel}}$$

entsteht, und da die Natur des Produktionsprozesses eine wenigstens annähernde Stabilität in dem Verhältnis

$$\frac{\text{Wachstumsrate in Ausstoß der Konsumgüter}}{\text{Wachstumsrate der Produktionsmittel}}$$

erzwingt, folgt, daß das Wachstum der Konsumtion die Tendenz hat, hinter dem Wachstum im Ausstoß der Konsumgüter zurückzubleiben. Wie wir schon gezeigt haben, kann sich diese Tendenz entweder in Krisen oder in Stagnation oder in beiden ausdrücken.“ [97])

Als paradigmatisches Beispiel der jüngsten Vergangenheit steht die Überproduktions-/Unterkonsumtionskrise der Bundesrepublik Deutschland in der Periode 1966/67 vor Augen. „Der Tiefpunkt der Krise lag im 1. Halbjahr 1967, nachdem schon in der zweiten Jahreshälfte 1966 ein Abschwung sichtbar wurde. Um die Jahreswende gingen viele Betriebe zu Massenentlassungen und ‚Zwangsferien‘ über. Im Frühjahr 1967 kam es vor allem in der Automobilindustrie zu Zwangsferien und zu Kurzarbeit. Gegenüber dem Vorjahr ging 1967 die Industriebeschäftigung um 6,5 % zurück. Die Arbeitsproduktivität (Produktionsergebnis je Arbeitsstunde) stieg demgegenüber um 7,6 %. Die Arbeitslosenziffern erreichten im Jahresdurchschnitt 1967 fast die Halbmillionengrenze. Besonders stark ging die Beschäftigung ausländischer Arbeiter zurück.“ [98]) Nutznießer dieser Entwicklung waren die Unternehmer: „Die Nettogewinne stiegen (jeweils gegenüber dem gleichen Zeitraum des Vorjahres) im 1. Halbjahr 1968 um 24,6 % und im 2. Halbjahr um 21,9 %.“ [99]) Und sie ging auf

Kosten der verschärften Ausbeutung der Arbeiter. Der rasche Aufschwung der westdeutschen Wirtschaft aus dieser Verwertungskrise beruhte im wesentlichen auf dem raschen Anstieg der Arbeitsproduktivität, wodurch ihre Produkte international wieder konkurrenzfähig wurden. Wenngleich dieses Beispiel die Krisenanfälligkeit des Kapitalismus erhärtet, ist es nicht in vollem Umfang typisch für den Charakter der Krise und für das Krisenmanagement im gegenwärtigen Entwicklungsstand des Kapitalismus.

Der konkrete Fall geht zurück auf eine für die Bundesrepublik spezifische Entwicklung. In der westdeutschen Wirtschaft kam es erst in den frühen 60er Jahren — wesentlich mitverursacht durch die Unterbrechung des kontinuierlichen Zustroms von Arbeitskräften aus der DDR — zu fühlbaren Steigerungen der Lohnrate. Während der 50er Jahre war die Steigerung der organischen Zusammensetzung des Kapitals hingegen keine Notwendigkeit gewesen. Die Disproportionalität im Vergleich zum internationalen Standard machte sich daher erst Mitte der 60er Jahre bemerkbar. Und ihr konnte eben auf Kosten der Arbeiter relativ rasch abgeholfen werden. Wie schon weiter oben vermerkt, wird jedoch der kapitalistische Krisenmechanismus gerade durch die Steigerung der organischen Zusammensetzung des Kapitals tendenziell außer Kraft gesetzt. Der neue ökonomische Charakter in der kapitalistischen Organisation der Produktionsweise nach dem 2. Weltkrieg hat hier zwar teilweise einen neuen Spielraum geschaffen; am grundsätzlichen Faktum hat sich nichts geändert: „In der Manufakturindustrie macht der fixe Teil des Kapitals nur einen sehr geringen Bruchteil aus, die variablen Produktionsmittel (Roh- und Hilfsstoffe) dagegen und das eigentliche variable Kapital (Löhne) einen bedeutenden Teil. In diesem Stadium, in dem die Profitrate im Vergleich zum investierten Kapital deshalb beträchtlich ist, kann die Industrie mühelos Marktschwankungen aushalten. Sobald der Markt sich wieder schließt, schränkt der Industrielle (der Kapitalist) seine variablen Ausgaben aufs äußerste ein. Diese Situation beginnt sich mit dem Aufkommen der Werkzeugmaschinen zu ändern: schon zur Zeit von Marx machte das variable Kapital in der englischen Maschinenindustrie nur noch 60 Prozent der Masse des investierten Kapitals aus. Heute verwendet die traditionelle Maschinenindustrie noch 15 bis 25 Prozent des Kapitals für Lohnzahlungen, Prämien und Sozialbeiträge, während die hoch automatisierte Industrie (Mineralöl, Chemie) dafür kaum noch 4 bis 5 Prozent ausgibt. Dagegen erreichen die fixen Kosten (für Maschinerie und Konstruktionsbüros)hier oft zwischen 40 und 60 Prozent. Die ständige Erhöhung der fixen Produktionskosten macht die Unternehmen unendlich verwundbarer für die geringsten Marktstörungen; sie wird durch den immer schnelleren Rhythmus der technischen Neuerungen, die den ‚moralischen Verschleiß'-Prozeß der Produktionsmittel erzeugen, noch verschärft. Und dies um so mehr, als mit den wachsenden Bedürfnissen der Unternehmen auch deren Kapitalbelastungen anwachsen, da die Selbstfinanzierung zur Sicherstellung der Erneuerung der Produktionsmittel immer ungeeigneter wird. Die modernen Unternehmen geben heute 20 bis 25 Prozent ihres Kapitals für geliehenes Geld aus. Die Stilllegung irgendeines beliebigen Großunternehmens hat daher unendlich weiterreichende Auswirkungen als die Entlassung der dort beschäftigten Arbeiter. Sie ist seit langem undurchführbar geworden." [100])

Es wurde bereits darauf hingewiesen, daß der Krisenmechanismus seine Funktionalität für das Kapital schon in der Krise des Jahres 1929 und der darauffolgenden Depression verloren hatte. Als wesentliche Triebkraft, die Zentralisation und/oder Konzentration des Kapitals voranzutreiben, ist er von da an gefährlich und daher untauglich. Das Krisenmanagement der bürgerlichen Ökonomie besteht seither darin, die Auswirkungen der Krise zu vergesellschaften, was dazu geführt hat, daß die Menschen permanent mit der Krise leben, während der kapitalistische Produktions- und Reproduktionsprozeß von ihr profitiert.

Das Elend des Proletariats, wie es von Engels handgreiflich in „Die Lage der arbeitenden Klasse in England" dargestellt wurde, kann daher nur *ein* historischer Ausdruck der Produktion von Mangel im Kapitalismus sein. Es steht, wie Mallet betont, in engem Zusammenhang mit der organischen Zusammensetzung des Kapitals. Mit dem Ende des Krisenmechanismus im Kapitalismus geht zwangsläufig eine rasch zunehmende Vergesellschaftung dieses Elends einher. Hauptinhalt des kapitalistischen Krisenmanagements wird damit die Produktion nicht reproduktiver Werte. Sie verhilft dem Kapital einerseits zu einer konstanten Profitrate und enthält anderseits den Lohnarbeitern konsequent die Befriedigung ihrer Bedürfnisse vor. Freilich war die kapitalistische Produktionsweise schon immer von der Produktion von Mangel begleitet. Das Neue besteht nun aber darin, daß die Produktion von Mangel selbst zur Logik kapitalistischer Mehrwertproduktion wird. Dieses Faktum, welches im folgenden näher ausgewiesen wird, beweist letzten Endes, daß das Kapital seine anfängliche Funktion als Schubkraft in der Entwicklung der Produktivkräfte verloren hat. Es nimmt nur noch eine defensive Position ein, um sich am Leben zu erhalten. Daß das Kapital als dynamischer Faktor in der gesellschaftlichen Entwicklung ausgespielt hat, zeigt sich ferner an seiner Tendenz zur Feudalisierung (vgl. Kapitel VI).

Zwei Mittel hat das Kapital ausgeheckt, um sich am Leben zu erhalten: 1. Produktion nicht reproduktiver Werte und 2. unproduktive Konsumtion. Beide haben sie die Tendenz, der Unterkonsumtion bzw. der Überproduktion entgegenzuwirken, indem sie zwar einen reibungslosen Verlauf der Zirkulation des Kapitals garantieren, aber die Vergeudung volkswirtschaftlicher Werte nach sich ziehen. Gesamtgesellschaftlich erarbeiteter Wert und Mehrwert geht verloren in der Produktion von Rüstungsgütern etwa oder wird aufgezehrt vom aufgeblähten Werbe- und Verteilungsapparat. In der Theorie von Keynes und in der Praxis des entwickelten Monopolkapitalismus wird die Zirkulationssphäre verkürzt auf die Funktion, die sie für das Kapital hat, nämlich Verwertungsprozeß des in Warenform sedimentierten produktiven Kapitals zu sein. Ausgeschaltet wird die Bedeutung der Zirkulation, einen vorfindlichen Bedarf zu decken. Denn Abhängigkeit von der Konsumtion bringt die Gefahr der Überproduktion mit sich: „Der Gebrauchswert an sich hat nicht die Maßlosigkeit des Wertes als solchen. Nur bis zu einem gewissen Grade können gewisse Gegenstände konsumiert werden und sind sie Gegenstände des Bedürfnisses. Zum Beispiel: Es wird nur bestimmtes Quantum Getreide verzehrt etc. Als *Gebrauchswert* hat daher das Produkt in sich selbst eine Schranke — eben aber nicht am Bedürfnis der Produzenten, sondern dem Gesamtbedürfnis der Austauschenden nun gemessen wird. Wo der Bedarf von einem bestimmten Gebrauchswert aufhört, hört es auf Gebrauchswert zu sein. Als Gebrauchswert ist es gemessen durch den Bedarf für ihn. Sobald es aber aufhört Gebrauchswert zu sein, hört es auf Gegenstand der Zirkulation zu sein (sofern es nicht Geld ist).“ [101])

Diese Gesetzmäßigkeit zu durchbrechen, war das Kapital erstmals gezwungen in der Depression im Anschluß an die Krise des Jahres 1929. Der zunächst zielführende Ausweg wurde gefunden in der Produktion nicht reproduktiver Werte in Form von Rüstungsproduktion. Daß sich die Staatsausgaben für Rüstungsgüter in der volkswirtschaftlichen Gesamtrechnung als Abgang niederschlagen, ist offenkundig. Ihre Produktion richtet sich nicht nach der Befriedigung von menschlichen Bedürfnissen; sie erfüllen keine Funktion in der gesellschaftlichen Produktion oder Reproduktion. Für das Kapital hingegen stellt die Rüstung eine profitable Produktionsmöglichkeit dar. Zusätzlich hat der in der Rüstungsindustrie anfallende Lohnfonds den Effekt, der Unterkonsumtion anderer Waren entgegenzuwirken. Die Bedeutung der Rüstungsproduktion für das kapitalistische Krisenmanagement hat sich wiederholt gezeigt. Theodor Prager führt dazu aus: „‚Vietnam gibt US-Wirtschaft einen Auftrieb‘, lautete die Titelgebung einer Notiz in den Londoner *Times* vom 14. August 1965, in der es hieß:

Vietnam erhellt die Aussichten für 1966, wie es die Bundes-Wirtschaftsvoraussager sehen, berichtet die Dow Jones-Agentur. Der neue Verteidigungsaufbau zerstreut die früheren Sorgen um eine Wirtschaftserschlaffung im neuen Jahr. Präsident Johnsons Berater sagen voraus, daß die neuen Pentagonaufträge Produktion und Beschäftigung im ersten Quartal des neuen Jahres beleben werden.

Geben wir zu: Kurzfristig kann eine Steigerung der Rüstungsausgaben, sofern sie kräftig ist, konjunkturfördernd wirken. Dies erwies sich schon vor dem Krieg, und es gilt auch heute. Großbritannien 1935: beginnende Wirtschaftsbelebung durch öffentlichen Wohnbau erleichtert, durch Rüstung beschleunigt; Deutschland 1934: Bereits begonnene Erholung durch Rüstung mächtig beschleunigt;

USA-Rezession 1937/38: durch beginnende Rüstungslieferungen an auswärtige Kundschaft und dann durch kräftig anlaufende Eigenrüstung überwunden;

USA-Belebung nach 1948/49er Rezession durch Korea-Krieg immens beschleunigt;

Westeuropa 1950: ebenfalls durch Korea-Krieg angeregt;

USA-Rezession 1958/59: durch neuerliches kräftiges Hinaufschrauben der Rüstungsausgaben überwunden: von einem Ausgabenniveau von rund 46 Milliarden Dollar für Rüstung und einer halben Milliarde für Weltraumforschung in den Jahren 1959/60 kommen wir auf 56 beziehungsweise vier Milliarden in den Jahren 1964/65 und gleichzeitig zu einer spürbar höheren, wenn auch noch immer unzureichenden Wirtschaftswachstumsrate.“ [102])

Die Bedeutung der Rüstungsproduktion für die Rekonstruktion des Kapitals kann gar nicht hoch genug veranschlagt werden. Nach dem Bankrott im Jahre 1929 wurde dadurch die Produktion ständig ausgedehnt, ohne auf die Realisation des in Waren Gestalt annehmenden Kapitals in der Zirkulationsphäre angewiesen zu sein.

Die hier verfochtene These läuft darauf hinaus, daß das Kapital in der Produktion nicht reproduktiver Güter sein Heil zu finden glaubt. Durch den Effekt der Rüstungsindustrie hat es den Braten gerochen. Seither ist das Kapital darauf aus, immer neue Bereiche nicht reproduktiver Produktion auszukundschaften, um seine Verwertungsbedingungen zu sichern. Diese Strategie des kapitalistischen Krisenmanagements, das tatsächlich vor allem die der kapitalistischen Entwicklung immanente Überproduktions-/Unterkonsumtionskrise zu meistern sucht, geht auf Kosten der Befriedigung gesamtgesellschaftlicher Bedürfnisse. Produktion, welche in erster Linie der Logik von „Produktion für das Kapital" folgt, ohne auch gleichzeitig gesellschaftlich relevante Werte zu produzieren, hat zum Haupteffekt einen geschlossenen Zirkel der erweiterten Reproduktion von Kapital und nur zum Nebeneffekt die Ausdehnung der Konsumpotenz der Individuen. Diese zweite und nebensächliche Seite erfährt eine weitere Einschränkung dadurch, daß die konsumierbaren Güter nicht den Bedürfnissen der Konsumenten, sondern des Kapitals dienen (Verschleißproduktion in allen ihren Spielarten). Peter Hess bringt auf den Begriff, was unter Vergesellschaftung der „klassischen" Überproduktions-/Unterkonsumtionskrise gemeint ist: „... Überproduktionskrisen sind heute nicht mehr die einzige und nicht die hauptsächlichste Form, in der die Widersprüche zwischen Produktivkräften und Produktionsverhältnissen, zwischen Produktion und Verwertung zum Ausbruch kommen. Strukturkrisen, Währungskrisen, Bildungsnotstand, wachsende Rüstungshaushalte und andere Formen, nicht zuletzt kalter Krieg und Aggressionen kommen hinzu bzw. übernehmen in ihrer Eigenschaft, *die Produktivkräfte zu vernichten und brachzulegen,* Funktionen der ‚klassischen Krise'." [103]) Die Krise wird nicht mehr akut und erschüttert das Wirtschafts- und Gesellschaftssystem insgesamt, sondern wird von der kapitalistischen Wirtschaft chronisch mitgeschleppt und aus gesamtgesellschaftlichem Mangel finanziert.

Nachdem der Einsatz von Wissenschaft und Technik in der Produktion im entwickelten Monopolkapitalismus zentraler Faktor des Wirtschaftswachstums überhaupt ist, muß sich die Tendenz des Kapitals zur Intensivierung der Produktion nicht reproduktiver Güter auch in der Struktur der Forschungs- und Entwicklungsausgaben (FE) ausdrücken. Dabei kann vorausgesetzt werden, daß, was auf kapitalistische Aktivitäten im allgemeinen zutrifft — die Teilrationalität konträrer Interessen bedingt die Irrationalität des Gesamtsystems —, für FE im besonderen gilt. Wie also das Kapital als Schranke der Entwicklung der Produktivkräfte und ihrer gesellschaftsrelevanten Anwendung bestimmt werden konnte, so stellt es sich auch als Hemmschuh des wissenschaftlichen Fortschritts und seiner konsequenten Anwendung in der Produktion heraus. „Denn indem sich die Menschen in den Systemen der materiellen gesellschaftlichen Produktion zueinander und zur äußeren Realität in einer bestimmten Weise verhalten, sind Arbeitskräfte und Produktionsmittel als die Elemente dieses Systems in spezifischen Relationen aufeinander bezogen. Der Produktionsprozeß realisiert so ein System gesellschaftlicher Produktionsverhältnisse, anderseits ein System gesellschaftlicher Produktivkräfte. Da aber der Produktivkraftcharakter eines bestimmten Systemelements nur durch Wechselwirkung mit den anderen Elementen im realen Produktionsprozeß sich konstituiert, also auch die Entwicklung der Produktivkraft Wissenschaft qua von den Organisationsleistungen der menschlichen Arbeitskraft abhängt, ist zu erwarten, daß die gegebenen Eigentumsverhältnisse — solange hier kein qualitativer Wandel herbeigeführt wird — vermittelt über die daraus resultierenden Schranken der Produktionsentwicklung auch der Entwicklung der Produktivkraft Wissenschaft ihre Schranken auferlegen. Denn gesamtgesellschaftliche Planung der Entwicklung der Produktivkraft Wissenschaft müßte damit durch die Souveränität der Einzelkapitalien praktisch unmöglich gemacht werden.“ [104])

Die Priorität nicht reproduktiver Produktionsbereiche in FE wird von Schuon, gestützt auf Rainer Rilling [105]) und Helmut Krauch [106]), zahlenmäßig belegt. „Ungeachtet der sich seit 1966/67 durchsetzenden gewissen Verschiebungen der Prioritäten innerhalb der gesamtstaatlichen Forschungspolitik nimmt die militärische Forschung und Entwicklung weiterhin eine Vorrangstellung unter den Maßnahmen zur Forschungsförderung des Bundes ein (1967 = 44 %). 1969 verteilten sich die staatlichen Ausgaben für Forschung wie folgt:

1. Stelle: Militär	=		40 %
2. Stelle: Atom	=	über	30 %
3. Stelle: Weltraum	=		15 %
Rest:		ca.	15 %

Das Schwergewicht liegt deutlich auf Verteidigungs-, Atom- und Weltraumforschung, alles entfremdete ‚Technologien'"[107]), weil die Anwendung der Forschungsergebnisse aus diesen Bereichen in der Produktion keinen gesamtgesellschaftlichen Bedürfnissen gerecht wird, sondern ausschließlich den Verwertungsinteressen des Kapitals gehorcht.

Die Konzentration der Forschungs- und Entwicklungsausgaben zu über 85 Prozent auf Sektoren nicht reproduktiver Produktion zieht notwendig nach sich die Vernachlässigung sozial relevanter Produktionsbereiche. Es „fehlen im sog. Programm der Bundesregierung Forschungsbereiche, deren zwingende gesellschaftliche und zivilisatorische Bedeutung nicht mehr übersehen werden kann, wie z. B. Verkehrsunfallforschung, Umweltforschung oder Bildungsforschung. Das Wissenschaftskabinett hat sich bis heute nicht einmal in der Lage gesehen, eine Übersicht, Rangordnung und Schwerpunkte zu sichern oder zu bilden."[108]) Kapitalistische FE fördert also die Entwicklung der kapitalistischen Disproportionalitäten eher, als daß sie sie beseitigen. „Damit werden in großem Maßstab gesellschaftliche Mittel und Kräfte der friedlichen Nutzung der Wissenschaft und Technik entzogen, um die einseitige Entwicklung des Wissenschaftsgebäudes weiter voranzutreiben. Die Kriegsforschung wird auch weiterhin dazu dienen, stets von neuem die staatliche Nachfrage zur Auslastung vorhandener Überkapazitäten zu motivieren und aggressive außenpolitische und militärische Strategien mitzubegründen. Die Krise (auch die ökonomische) erscheint damit zunächst nur verschoben."[109])

Die Rüstungs- einschließlich der Weltraum- und Atomforschung wird gelegentlich mit dem Hinweis verteidigt, daß in ihr auch ökonomisch nutzbare Ergebnisse anfallen. Nun ist aber Forschung und Entwicklung mit gesellschaftlicher Relevanz, betrieben über die Rüstungsforschung, der denkbar umständlichste Weg. Die zunehmende Spezialisierung in diesem Bereich bringt es überdies mit sich, daß künftig immer weniger derartiger Abfallprodukte für andere Wirtschaftsbereiche anfallen werden. Die staatliche Finanzierung privater FE — „Der OECD zufolge wird der größte Teil der FE in den USA, Großbritannien, Frankreich und anderswo von Privatunternehmungen *ausgeführt*, die *Finanzierung* aber vom Staat besorgt." [110]) — verursacht Doppelgleisigkeit und damit zusätzliche Vergeudung. Dazu Schuon: „Je mehr aber der gesellschaftliche Forschungsapparat nach den Bedürfnissen monopolistischer Kapitalverwertung gesteuert wird, desto größer wird die Tendenz, daß gesellschaftlich unproduktive Doppelarbeit geleistet, sinnlose oder schädliche Entwicklungen vorangetrieben, anwendungsreife Ergebnisse aus Profitinteresse zurückgehalten werden, Spezialistenheere ausgebildet werden, die — zu einseitig ausgebildet — jeder Umstellung der Produktion hilflos ausgeliefert sind, vor allem aber, daß gesellschaftlicher Nutzen nur Nebenprodukt, nicht Ziel des Forschungsprozesses ist." [111])

Da also der zentrale Wachstumsfaktor der monopolkapitalistischen Wirtschaft total in den Dienst unproduktiver Kapitalverwertung gestellt erscheint, ist die oben angeführte These erhärtet zur Tendenz kapitalistischer Entwicklung überhaupt. Sie kann weiter gestützt werden durch die Funktion, welche die industrielle Produktion von Umweltschutzgütern annimmt und in noch viel größerem Ausmaß annehmen wird. Die übergangslos initiierte Umweltkrise und ihre Diskussion in der sogenannten Öffentlichkeit ist ideologischer Schleier, hinter dem sich handfeste Kapitalinteressen verbergen. Das Thema selbst ist hingegen so alt wie die Maschinenindustrie überhaupt. Marx und Engels haben an verschiedenen Stellen das Elend der Fabrikarbeiter beschrieben, welches aus der Anlage ihrer Wohnquartiere im unmittelbaren

Einzugsbereich von durch Produktion verseuchter Luft und Abwässern resultierte. Angesichts der Existenz einer umfassenden industriellen Reservearmee war auch die fortschreitende Beeinträchtigung der Gesundheit der Arbeiter durch schlechteste Arbeitsbedingungen ein irrelevanter Faktor in dieser Periode.
Zum Problem wird die Verseuchung von Luft, Gewässern und Boden durch industrielle Produktion und ihre Produkte erst in dem Stadium, als einerseits diese produktionsrelevanten „freien Güter" ihre Funktion nicht mehr erfüllen konnten, wodurch sich die ehedem kostenlosen Hilfsmittel plötzlich auf der Kostenseite niederzuschlagen drohten, und andererseits — eben dadurch — die industrielle Beseitigung dieser Schäden, die von der Industrie hervorgerufen wurden, für das Kapital profitabel zu werden versprach. Hier hat man es mit einem Bereich traditioneller Mangelproduktion zu tun. Er wird aber nur deswegen in den Vordergrund des öffentlichen Bewußtseins geschoben, weil das Kapital, welches diesen Mangel verursacht, gleichzeitig Mittel zu seiner Beseitigung anzubieten hat. Die Produktion der Umweltschutzindustrien ist nicht reproduktive Produktion, insofern sie bloß einem Übel abhilft, welches das Kapital in den übrigen Sektoren ständig neu hervorbringt. Die Produktion von Umweltschutzgütern zielt also auf vordergründige Verhütung von Schäden, ohne das grundsätzliche Übel, die Organisation der Produktion nach den Verwertungsinteressen des Kapitals, abstellen zu können. Nutzen zieht nur das Kapital aus derartiger Produktion, gleichgültig, ob der Finanzierung des Umweltschutzes das „Verursacherprinzip" zugrunde gelegt wird, was eine Überwälzung der Kosten auf die Preise zur Folge hat, oder ob sie als notwendige infrastrukturelle Voraussetzung privatkapitalistischer Aktivität staatsmonopolistisch aus dem Steueraufkommen beglichen wird. Das Faktum der Umweltkrise läßt es indessen unausweichbar erscheinen, daß dem Kapital ein neuer Bereich zur Produktion nicht reproduktiver Werte eröffnet wird.
Der Begriff der „sozialen Kosten", welcher als Begleiterscheinung des Problembewußtseins über die Umweltverwüstung durch

kapitalistische Produktionsverhältnisse ins Spiel gekommen ist, ist Ausdruck des Mangels, der die Kehrseite der privaten Aneignung gesamtgesellschaftlich produzierter Werte darstellt. „Neben immateriellen und materiellen Schädigungen der Allgemeinheit durch Gewässerverunreinigungen, Luftverschmutzung, Plünderung und Vernichtung der Fauna usw. zählt er (d. i. William Kapp, The Social Costs of Private Enterprise, Cambridge 1950; er führte den Begriff der „social costs" in die nationalökonomische Debatte ein — L. H.) hierzu auch volkswirtschaftliche Kosten durch Arbeitslosigkeit, vergeudete Mittel für Reklame und Folgen des Leerlaufs ungenutzter Wissenschaft. Soziale Kosten sind danach die ‚volkswirtschaftlichen Verluste, die dann entstehen, wenn aus irgendeinem Grunde das sozialökonomische Optimum nicht verwirklicht ist'." [112])

In diesem Rahmen muß der immer wiederkehrende Versuch zurückgewiesen werden, die sogenannten Verbraucher für die Umweltverschmutzung verantwortlich zu machen. In der Praxis der alltagspolitischen Manöver wird ständig versucht, „ein Kollektivschuldbewußtsein zu erzeugen, um für die Lösung der anstehenden Probleme Interessenharmonie und Gemeinschaftsideologien voraussetzen zu können: ‚People find out people are the prime polluters' und ‚We have met the enemy, and he is us' heißt es in einer Sondernummer der amerikanischen Zeitschrift ‚Life', die den Fragen der Umweltkatastrophe gewidmet ist. ‚Wir sitzen doch alle in einem Boot' lautet dann die volkstümliche Formel mit Aufforderungscharakter, die die Ideologie der inneren Reform und der sogenannten *Gemeinschafts*aufgaben begleitet." [113])

Kade räumt konsequent dieses Vorurteil beiseite: „Vergeudung und privatwirtschaftlich geplante Obsoleszenz sind die beiden Aspekte des Prozesses, der uns zu ständig wachsenden Umweltbelastungen führt. Die wachsende Zahl der Automobile und ihr Anteil an der Vergiftung der Luft sind ein oft zitiertes Beispiel. Wichtiger noch ist der Zusammenhang zwischen absatzpolitischen Strategien, vor allem Marketing und Werbung, und der zunehmenden Müll-Lawine. Unbemerkt von denjenigen, denen noch

immer die Mär von der Konsumentensouveränität vorgegaukelt wird, hat sich die Beziehung zwischen Bedürfnissen und Produktion vollständig umgekehrt: Bedürfnisse werden gemacht, damit eine Produktion profitbringend abgesetzt werden kann." [114])
G e l l e n spielt diesen Gedanken weiter. „Als ein wahres Pièce de résistance produziert die chemische Industrie in allen Größen, Formen und Farben den biologisch nicht abbaubaren Plastikbehälter, der, wenn er wie Dow's Saran-Wrap aus PVC hergestellt ist, im buchstäblichen Sinne tödlich sein kann. Wird diese Saran-Verpackung als Abfall gehäuft und verbrannt, dann entsteht Phosgengas — ein im Ersten Weltkrieg eingesetztes und auch heute wieder vom US-Verteidigungsministerium gelagertes Giftgas. Die auch nur kurzfristige Berührung mit 50 Teilen Phosgen pro 1 Million Teile Luft führt zum Tode. Die chemische Industrie stellt zur Zeit jährlich annähernd 5 Milliarden Pfund PVC her und rechnet allein in diesem Jahr mit einer Produktionssteigerung von 7 Prozent." [115]) Der Autor hebt gleichzeitig hervor, daß die Ursachen der Umweltschäden nicht in der Technologie, sondern in ihrer Anwendung zu suchen sind. G e l l e n demonstriert dies am Beispiel des Automobils: „Welche Logik hat den Menschen bewogen, als sein wichtigstes Fortbewegungsmittel ein Gefährt auszuersehen, das es mit sich brachte, daß die Landschaften mit Asphaltbändern zerschnitten, die Wälder zerteilt, die Luft verpestet, die Städte verstopft und jene wuchernden Stadtrandgebiete geschaffen wurden, unter denen das Land zu ersticken droht? War dieses Gefährt sicher? Nach Unfällen pro Meile gerechnet, ist die Quote der tödlichen Unfälle bei Kraftfahrzeugen 25mal höher als bei Eisenbahnen und 10mal höher als bei Flugzeugen. War es effizient? Eine im Jahre 1970 angestellte Verkehrsuntersuchung zeigt, daß von Pferden gezogene Fahrzeuge in New York sich mit einer Durchschnittsgeschwindigkeit von 11,5 Meilen vorwärtsbewegten. Heute kriechen Kraftfahrzeuge im Schnitt mit 6 Meilen in der Stunde dahin." [116]) Die Irrationalität des Individualverkehrs konnte durch die Ware Auto nur durchgesetzt werden, weil die Finanzierung des Straßenbaues als

Voraussetzung für seine Anwendung von der Gesamtgesellschaft getragen wurde und wird. Hätten die Automobilhersteller im Preis für PKWs etwa auch die Kosten für den Straßenbau einzukalkulieren, so wäre es nie zu dieser Wucherung spezialisierter Verschleißproduktion gekommen. Martin Gellen führt an, daß nach einer Schätzung allein die Modellveränderungen in der Automobilindustrie im Jahr 4 Milliarden Dollar volkswirtschaftlicher Werte verschlingen. Die Absurdität des Automobilverkehrs hat noch weiter reichende Methoden; einerseits verwüstete er die Wohngebiete, anderseits geht er auf Kosten sinnvoller sozialer Investitionen. „Ein Drittel des gesamten Landgebiets von Los Angeles (zwei Drittel der Innenstadt) waren von PKWs, LKWs, Lieferwagen sowie ihren Tankstellen und sonstigen Wartungsdiensten verschluckt. Das Gebiet war so verstopft, daß man plante, im Laufe des nächsten Jahrzehnts weitere 7,5 Milliarden Dollar für den Bau von Highways auszugeben. Das Straßenbauprogramm würde jede Familie 10 000 Dollar kosten, während in Los Angeles County in derselben Zeitspanne 3090 Dollar für Schulen, Krankenhäuser, Grünanlagen, Wasserversorgung, Erholungsgebiete und andere Einrichtungen ausgegeben würden.“ [117])

Zurück zu den Gesamtproblemen der Umweltschutzideologie: Als Issue der tagespolitischen Debatte wurde sie erst interessant, als sich die Folgen des kapitalistischen Raubbaues an den „freien Gütern“ Luft, Gewässer und Boden auf die kapitalistische Produktion selbst auszuwirken begannen. „Umwelt wird zum Problem, und Umweltpolitik wird dann erforderlich, wenn die Qualität der natürlichen Inputgüter auf einen Stand absinkt und die Abfallmengen und -zusammensetzung ein Ausmaß erreichen, bei dem die Produktion selbst negativ tangiert wird. Dies ist zum Beispiel der Fall, wenn das von der Industrie benötigte kostenlose Oberflächenwasser so schlecht wird, daß es seine Produktionsaufgabe nicht mehr oder nur mehr mit überdimensionalen Kostenvorleistungen erfüllt oder wenn aus luftverschmutzten Industrieballungsgebieten benötigte Arbeitskräfte wegen des mangelnden

Freizeitwertes dieser Gebiete abziehen und für die Produktion fehlen. . . . Das eigentlich Neue, die eigentliche Umweltproblematik liegt also — zusammengefaßt — offenbar in einer produktionsrelevant gewordenen Qualitätsverschlechterung von natürlichen Infrastrukturgütern." [118])

Der Grund dafür, daß hier eine Schwelle überschritten wurde, besteht darin, daß im Gegensatz zur sonstigen Ressourcenausbeutung Luft, Wasser und Müllablagerungsplätze als natürliche infrastrukturelle Elemente betrachtet werden. Als solche gibt es für sie weder einen Knappheitsindikator, noch scheinen sie im Produktions- oder auch Monopolpreis als Kostenfaktoren auf. Der bisherige Raubbau und die Struktur der Umweltausbeutung bedingen so gerade die Finanzierung des Umweltschutzes aus staatsmonopolistischen Mitteln: Nicht das Kapital, sondern die Lohnarbeit wird zur Kasse gebeten. „Obwohl die Unternehmen für die Benutzung der städtischen Einrichtungen bezahlen müssen, sind es — über Bundesdarlehen und Anleihen der Bundesstaaten — doch die Verbraucher und Steuerzahler, die für die Bau- und Wartungskosten dieser Einrichtungen (zur Beseitigung der Abwässer — L. H.) aufkommen müssen. Auf diese Weise bezahlt die Öffentlichkeit den Verursachern den Bau von Kläranlagen, die in erster Linie durch das Wirken der Schmutzerzeuger notwendig werden." [119]) Für die Bundesrepublik nennt Helmut Zschocke exakte Zahlen. Er bringt Beispiele für direkte Finanzhilfen des Staates beim Bau industrieller Kläranlagen einerseits und für die ungleiche Belastung von Industrie und Haushalten in der öffentlichen Abwässerbeseitigung: „Die Scholven-Chemie AG, Gelsenkirchen-Buer, nahm 1968 eine Reinigungsanlage für Abgase in Betrieb, die 2,1 Millionen DM gekostet hatte. Der Bund und das Land Nordrhein-Westfalen steuerten mit 550 000 DM über ein Viertel dazu bei. Der Hoechst-Konzern wies im Geschäftsjahr 1967 an Investitionen für die Reinigung von Abwasser und Luft, für Müllbeseitigung und Lärmbekämpfung 58 Millionen und für Forschung und Entwicklung 61 Millionen DM, zusammen 119 Millionen DM, aus. Die für diese Ausgaben gewährten Sonderabschreibungen betrugen mit 55 Millionen DM 46 Prozent des Aufwandes. ... Nach einer Untersuchung des damaligen Bundesministeriums für Atomenergie und Wasserwirtschaft aus dem Jahre 1959 mußten gewerbliche Unternehmen nur 2,0 Pfennig je Kubikmeter Abwasser bezahlen, während die Behandlung häuslicher Abwässer mit 6,4 Pfg./m^3 berechnet wurde. ... Der Preisunterschied entsprach damit 187 Millionen DM, die die privaten Haushalte allein in einem Jahr entrichten mußten, damit die kommunalen Reinigungsunternehmen die der Industrie gewährten Sondertarife verkraften konnten." [120])

Während also die Umweltkrise ein Resultat der privatkapitalistischen Produktion ist und die Verhütung weiterer Schädigung des Lebensraumes der Menschen auf gesamtgesellschaftlicher Basis finanziert wird, macht das Kapital durch die Umweltindustrie Profit. Der Umweltschutz wird an der New Yorker Börse als aussichtsreiche Wachstumsindustrie eingeschätzt. Aktien von Unternehmen mit starker Beteiligung am Umweltschutzgeschäft können seit Dezember 1969 starke Kursgewinne — oft bis zu 50 Prozent — verzeichnen, und die Umweltschutzindustrie rechnet für die nächsten 5 Jahre mit einer jährlichen Wachstumsrate von 20 Prozent.[121]) „Die Heirat zwischen Coca-Cola und Aqua-Chem (führender Hersteller von Wasseraufbereitungs- und Entsalzungsanlagen — L. H.) ist nur ein einzelnes Beispiel in einer rapiden Folge ähnlicher Entwicklungen, die dazu geführt haben, daß der Umweltschutz sich an der Wallstreet als eine der heißesten Wachstumsindustrien der siebziger Jahre erweisen konnte. ‚Im Dreck sitzt Speck' — so faßte die Zeitschrift ‚Forbes' die Entwicklung kürzlich in einer Titelgeschichte zusammen." [122])

Sieht man sich näher an, wer es ist, der den Speck aus dem Dreck herausholt, so zeigt sich, daß es in erster Linie diejenigen Unternehmen sind, die den Großteil des Drecks verursachen. An der Spitze steht die chemische Industrie. Sie, „die in der Erzeugung verseuchter Abwässer an zweiter Stelle liegt und auf deren Konto nahezu 50 % des biologischen Sauerstoffmangels in Industriewasser vor der Behandlung geht, (hat) sich gleichzeitig eine Spitzenposition im Wasserschutzgeschäft sichern können." [123]) G e l l e n führt dazu näher aus: „Rund zwei Dutzend Hersteller von Umweltschutzanlagen sind Tochtergesellschaften oder Unterabteilungen der größten Konzerne und Umweltverseucher in den Vereinigten Staaten. . . . Tatsächlich ist die Umweltschutzindustrie eine Fortführung sowohl der technologischen Möglichkeiten als auch der Marketing-Strukturen der Investitionsgüterindustrie." [124]) Insbesondere die chemische Industrie hat ein Monopol auf die Reinigung der Gewässer erhalten, die sie zuvor verseucht hatte.

Das Geschäft mit dem Schmutz ist letzten Endes eine Konsequenz des monopolkapitalistischen Verwertungsinteresses: „Die kapitalistische Umweltstrategie par excellence ist . . . die *Produktion von Umweltschutzgütern.* Unter der Voraussetzung eines vorhandenen oder herzustellenden Bedürfnisses nach Umweltschutz und Umweltschutzgütern kann sich eine Branche entwickeln, die entsprechende (nicht reproduktive — L. H.) Güter produziert. In diesem Fall handelt es sich weniger um ein individuelles Bedürfnis als mehr um das Bedürfnis anderer Branchen, das sich entweder aus Produktionserfordernissen selbst ergibt (zu schmutziges Brauchwasser führt zum Bedürfnis nach Reinigungsanlagen), durch staatliche Normen erzeugt oder von der Umweltschutzindustrie zu erzeugen versucht wird (z. B. abgasentgiftete Autos)." [125])

Es darf hier nicht übersehen werden, daß hinter diesen vordergründigen Bedürfnissen und Notwendigkeiten das zentrale Interesse des Kapitals nach Sicherung seiner erweiterten Reproduktion steht. Wie weiter unten noch näher zu zeigen ist, steht das monopolistisch strukturierte Kapital vor dem Problem, durch Investitionen im eigenen monopolisierten Bereich den Grenznutzen des bereits angelegten Kapitals zu gefährden, weswegen es nach immer neuen Anlagemöglichkeiten außerhalb der Monopolsektoren Ausschau halten muß. In der Produktion von Umweltschutzgütern ist vorläufig eine derartige Möglichkeit gefun-

den, die hierzu besonders geeignet erscheint, weil sie auf Staatsfinanzierung beruht, also der Zirkulation dieses Kapitals einen geschlossenen Lauf ermöglicht.
Schließlich ist aber der Umweltschutz nicht nur Resultat des Vergeudungscharakters der kapitalistischen Produktion — „Legt man zugrunde, daß die kapitalistische Produktionsweise strukturellregelmäßig zu Überproduktion mit der notwendigen Folge von Entwertung des Produktionsüberschusses führt . . . , so bedeutet dies, daß nicht nur die Produkte selbst entwertet werden, sondern auch die ‚Kuppel-Ressourcen' gesellschaftlich unnütz verbraucht worden sind." [126]) — sondern auch die Umweltschutzgüter selbst verkörpern den Verschleißcharakter dieser Produktionsweise. Die Produkte der Umweltschutzindustrie tragen nicht bei zur totalen Beseitigung weiterer Umweltschäden, sondern reduzieren ihr Ausmaß bloß. Kade beschreibt dies anhand der Abgasentgiftung von Automobilen in den USA: „Bis 1980 wird durch verbesserte Brennstoffe und Abgasfilter die Emission (von Giftstoffen — L. H.) um ein Drittel auf 60 Millionen Tonnen pro Jahr reduziert sein. Bis zum Jahr 2000 wird sie wieder auf 70 Millionen Tonnen ansteigen, weil sich die Zahl der Automobile bis dahin von heute 100 Millionen auf 200 Millionen erhöht hat. Von 1975 bis 1990 entstehen Kosten von 100 bis 150 Mrd. Dollar für technische Verbesserungen an Automobilen, ohne daß die Luft besser wird." [127])
Am Problem des Umweltschutzes zeigt sich, daß die Krisenerscheinungen der kapitalistischen Produktion abgewandert sind aus dem unmittelbar ökonomischen Bereich in gesamtgesellschaftlich relevante Bezirke, die auch außerhalb ihrer Bedeutung für die Produktionssphäre Funktion haben. Diese Funktion steht in Zusammenhang mit den universellen Fähigkeiten und Bedürfnissen des Menschen, die von den privatkapitalistischen Produktionsverhältnissen negiert werden. Indem aber die kapitalistische Krisenerscheinung auch auf diesen Gebieten verallgemeinert wird, wird der lebensbedrohende Charakter des Kapitals endgültig offenkundig. Es preßt die Individuen mit immer gewaltigerer

Anstrengung in ein Environment, das nur noch die Bewahrung der Lebensfähigkeit der herrschenden Besitzverhältnisse zum Ziel hat. Wie das amerikanische Rüstungskapital bedenkenlos über die Leichen des vietnamesischen Volkes geht, so geht das Kapital in allen seinen nationalen fortschrittlicheren oder rückständigeren Formen über das Elend der von ihm Ausgebeuteten hinweg. Die kapitalistische Mangelproduktion, welche Ursache dieses Faktums ist, nimmt nicht nur Gestalt an in der Verschleuderung materieller und ideeller Ressourcen durch einseitige und ineffiziente Forschung und Entwicklung, in überdimensionalen Rüstungsbudgets und in der Umweltkatastrophe — einerseits gefährdet sie die Lebensfähigkeit des Menschen, anderseits bietet sie dem Kapital Anlagemöglichkeiten —, sondern kristallisiert sich vor allem in Krisen aller Art. Man spricht von Krisenerscheinungen auf den Gebieten der Bildung, der Gesundheitsfürsorge, des Massenverkehrs, der Urbanisierung, der Welternährungslage, der Jugendkriminalität, der Erziehung, der Altersversorgung, des Wohnens usw. usf. Die Liste kann jederzeit durch neu aufkommendes oder manipuliertes, weil es dem Kapital gerade ins Konzept paßt, Problembewußtsein um die triste Lage in anderen, noch ungenannten Bereichen ergänzt und erweitert werden. Dies ist die — allgemeiner gefaßte — Kehrseite der Medaille der kapitalistischen Produktionsverhältnisse: Die erweiterte Reproduktion des Kapitals, seine ungeheuren Anlagewerte und potentielle Produktivkraft, basierend auf Produktion, die nur Produktion für das Kapital war und ist, verursacht immer weiter um sich greifenden und tendenziell die gesamte Gesellschaft — und nicht bloß das Fabrikproletariat — erfassenden Mangel, der nur deswegen nicht als Ursache der gesamtgesellschaftlichen Krise erfahren wird, weil alle davon betroffen erscheinen.

Die Produktion von Mangel als Produktion von nicht reproduktiven Gütern, wie sie in der FE, in der Rüstung und im Umweltschutz dingfest gemacht werden konnte, ist aber indessen zur Logik der kapitalistischen Produktion überhaupt geworden. Das zeigt sich in der massenhaften Produktion von Verschleißgütern für den Massenverbrauch in gleicher Weise. Dem steht der Notstand in allen Bereichen sozialer Investitionen gegenüber, sofern sie nicht einbezogen sind in infrastrukturelle Erfordernisse. In dieser Situation leistete sich die westdeutsche Wirtschaft seit 1950 Vergeudung im Ausmaß von über 260 Milliarden DM für Rüstung und weitere 200 Milliarden DM aus unausgelasteten Kapazitäten. Ohne einem Vergleich der Systeme vorzugreifen, muß Leo Kofler beigepflichtet werden, wenn er schreibt: „Heute noch, unter den hochentwickelten kapitalistischen Bedingungen, ist das sozialgesetzgeberische Entgegenkommen an die proletarischen Massen nichts weiter als ein Ausdruck der längst hinter sich gelassenen Zwänge der ursprünglichen Akkumulation und der Möglichkeit, außerhalb der ideologisch behaupteten Herrschaft eines unabdingbaren Sachzwangs so zu manipulieren, daß die technische Entwicklung sich einem (wenn auch die Bourgeoisie bevorzugenden) Mittel des Interessenausgleichs anzupassen gezwungen ist. Und man stelle sich vor . . . , daß z. B. in der DDR die Zahl der Unfälle in den Betrieben halb so hoch ist wie in diesen Ländern." [128]) Der Bereich der Produktion von Krankheiten der Arbeiter durch ihre Arbeit hat sich unterdessen über den „klassischen" Arbeitsunfall ausgedehnt. Die Arbeit verursacht bei vielen Lohnabhängigen mittelbar auftretende physische und psychische Leiden. Mallet zitiert beispielsweise eine Angestellte im öffentlichen Dienst: „‚Man erkennt mich zu Hause nicht wieder; man darf mich nur noch mit Samthandschuhen anfassen. Man wagt nicht mehr, mich anzusprechen . . .' Es handelt sich hier um neue Berufskrankheiten, wie sie Doktor Le Guillant . . . untersucht, deren Existenz er vor allem bei den Angestellten des öffentlichen Dienstes festgestellt hat. Dabei dreht es sich nicht mehr um physische Ermüdung; die schwere körperliche Arbeit ist fast aus den Betrieben, besonders der Verarbeitungsindustrie, verschwunden (was zweifellos eine Überformulierung darstellt — L. H.). Aber der Arbeitsrhythmus, die Eintönigkeit der unverstandenen und sich nicht ändernden mechanischen Tätigkeiten, die Hetze des Arbeitstempos, das alle zwingt, dem vorgelegten Tempo einer einzigen Arbeiterin zu folgen, zerstören das Nervensystem und sind Ursache schwerer seelischer Schäden." [129])

Die Auswirkung der kapitalistischen Produktion auf die Lohnarbeiter ist in jeder Hinsicht negativ. Und sie nimmt immer bedrohlichere Ausmaße an, je stärker sich die Produktion nicht reproduktiver Güter zur Logik des gesamten Systems aufschwingt. Sie dringt, wie am Beispiel der Automobilproduktion klar zu ersehen ist, ein auch in die Produktion der Konsumgüter. Daraus rührt her der nekrophile Geruch der sogenannten Wohlstandsgesellschaft, deren Wertsystem ausschließlich auf die Bedürfnisse des Kapitals, nicht aber auf die der Menschen zugeschnitten ist. Unter diesem Gesichtspunkt erscheint der Ausstoß der kapitalistischen Produktion überhaupt Abfall zu sein, denn ihr einziger Effekt ist Vermehrung des Kapitals.

Da aber das kapitalistische Krisenmanagement darin besteht, kurzfristige unmittelbare Krisenerscheinungen unmittelbar zu lösen, erscheint langfristig der Kapitalverwertungsprozeß durch die fortschreitende Produktion nicht reproduktiver Güter gefährdet. Die Perspektiven dieser kapitalistischen Entwicklung wurden von einem Team von systemkonformen Wissenschaftlern des amerikanischen MIT-Instituts erarbeitet. [130]) Die Untersuchung basiert auf dem Weltmodell, das Jay W. Forrester dargestellt hat. Sie kommt zum Ergebnis, daß bei weiter in der bisherigen Richtung verlaufendem Wirtschaftswachstum mit und ohne Einschränkung der Geburtenrate, der Umweltverschmutzung und der Ressourcenvergeudung sowie Ausbau der Nahrungsmittelproduktion und der Gewinnung von Rohstoffen aus Müll und anderem Abfall der totale Zusammenbruch des Systems absehbar ist. „Trotz vieler Vorbehalte aufgrund der Näherungswerte und der vereinfachten Struktur des Modells gegenüber der realen Welt erscheint eine Schlußfolgerung aus den bisherigen Untersuchungsergebnissen als berechtigt: Das Grundverhalten des Weltsystems ist das exponentielle Wachstum von Bevölkerungszahl und Kapital bis hin zum Zusammenbruch. Wie wir dargelegt haben, bleibt dieses Grundverhalten unverändert, ob man nun davon ausgeht, daß sich nichts Wesentliches ändern wird, oder ob man beliebig viele technologische Veränderungen einführt." [131])

Daraus erhellt, daß die sogenannten Konsum- oder Überflußgesellschaften des kapitalistischen Westens über einem gefährlichen Abgrund schweben. Der viel berufene Wohlstand der in ihr lebenden Menschen ist, abgesehen davon, daß er nicht allen zugänglich ist, bloßer Schein; er ist ein Schleier, hinter dem sich Mangel und eine daraus schließlich resultierende Katastrophe verbirgt. Der Anschein des Überflusses in den sogenannten Konsumgesellschaften ergibt sich daraus, daß in die volkswirtschaftliche Gesamtrechnung externe Faktoren nicht einbezogen werden. Das ist deswegen der Fall, weil die kapitalistische Wirtschaft ausschließlich an den Verwertungsbedürfnissen des Kapitals orientiert ist. Der Reproduktionsprozeß des Kapitals verkürzt das ökonomische Denken auf seine Akkumulationsbedingungen, ohne die Voraussetzungen der wirtschaftlichen Aktivität zu berücksichtigen. Diese Vernachlässigung der externen Faktoren ist einerseits der Preis, der für den „Wohlstand" in der kapitalistischen Gesellschaft entrichtet wird, und andererseits der Grund, warum der kapitalistischen Entwicklung absolute Grenzen gesetzt sind. Nur unter dieser Voraussetzung scheint auch die Absurdität der Produktion nicht reproduktiver Werte als Wachstumsfaktor und Logik des Monopolkapitals sinnvoll. Die auf das Kapitalinteresse beschränkte Teilrationalität dieses Subsystems nimmt, vom gesamtgesellschaftlichen Zusammenhang aus betrachtet, irrationalen und vernichtenden Charakter an. Diese Erkenntnis folgt aus der Marx schen Analyse des Kapitals, wird aber nun von der Arbeit der MIT-Technologen bestätigt, denen das elaborierte Instrumentarium der empirischen kapitalistischen Forschung zur Verfügung stand. Sie stellten eine tendenziell immer stärker werdende Störung der positiven Regelkreise — Bevölkerungs- und Kapitalzuwachs — in ihrem Weltmodell durch entsprechende negative Regelkreise — Nahrungsmittelmangel, Erschöpfung der Rohstoffreserven, Vernichtung der Umwelt usf. — fest. Sie suchten daher „nach einem Modellverhalten, das ein Weltsystem repräsentiert, das

1. aufrechterhaltbar ist ohne Tendenz zu plötzlichem unkontrolliertem Zusammenbruch und
2. die Kapazität besitzt, die materiellen Bedürfnisse der Umweltbevölkerung zu befriedigen.“ [132])

Als Alternative schlagen sie den Übergang vom Wachstum zum Gleichgewicht in der wirtschaftlichen Entwicklung vor. Die verschiedenen Annahmen und Voraussetzungen, die allerdings notwendig sind, um dieses Ziel zu erreichen, können sie bloß abstrakt in den Raum stellen und mit dem Willen des Menschen verbinden, sich zu ändern. Dadurch, daß sie also die politische Perspektive ausklammern, das gegenwärtig herrschende Wirtschaftssystem als beiläufig und abänderbares Konstrukt einschätzen, machen sie sich zu einem Propagandatrupp des letzten Stadiums der monopolkapitalistischen Entwicklung, nämlich seiner kokonartigen Erstarrung. Die Vorschläge der MIT-Leute sind irreal, die Kapitalakkumulation zu beschränken, die Verschleißproduktion einzustellen, langlebige Produktionsmittel herzustellen, den Dienstleistungsapparat weiter auszudehnen, hohe Summen in den Umweltschutz zu investieren, verbesserte Verfahren in der Nahrungsmittelproduktion anzuwenden usw. Sie setzen eine planmäßige Steuerung der Wirtschaft voraus, wie sie unter kapitalistischen Produktions-/Besitzverhältnissen unmöglich ist. Als kapitalistische Perspektive kommen diese Forderungen den Bedürfnissen des Monopolkapitals entgegen. Denn eine Annäherung an einen solchen Zustand läßt sich nur erreichen durch die Konzentration der wirtschaftlichen Macht in der Hand einiger weniger Monopole. Ihr Wachstum wäre auch bei kapitalistischer Stagnation gesichert, solange die Zentralisation des Kapitals zu ihren Gunsten voranschreitet.

Da aber die Reproduktion der großen Kapitalien nur ihnen, nicht aber den Menschen nutzt, die sie in Bewegung setzen, steht fest, daß unter der Bedingung wirtschaftlichen Gleichgewichts in der kapitalistischen Gesellschaft der Widerspruch zwischen den ungeheuren Produktionspotenzen und dem Mangel der Lohnarbeiter noch schärfer hervortreten wird. Die Nutzbarmachung der Produktivkräfte für die sie hervorbringenden und bewegenden Produzenten ist keine Frage von Zieländerungen im herrschenden System, sondern setzt die Realisierung des historischen und politischen Imperativs voraus, die kapitalistischen Besitzverhältnisse umzustürzen, um durch die Planung Rationalität in die gesamtwirtschaftliche Leitung einbringen zu können und die Menschen vom Mangel der kapitalistischen Produktion zu befreien, indem die entwickelten Produktivkräfte nicht mehr von anderen gegen sie, sondern von ihnen selbst zum Nutzen aller Individuen eingesetzt werden. Dieser Schritt ist nicht nur motiviert aus langfristiger historischer Notwendigkeit; vielmehr ist ausschlaggebend, daß der Monopolkapitalismus selbst das Handtuch wirft dadurch, daß er seine „wissenschaftliche Avantgarde“ das ideologische Feld eines wirtschaftlichen Gleichgewichts bestellen läßt. Dies heißt ja, daß das Kapital als Triebkraft gesellschaftlicher und wirtschaftlicher Entwicklung auch dort am Ende ist, wo es die meiste Macht hat. Es schickt sich an, auf objektiven Zuwachs seiner Produktionspotenz zu verzichten, um sich mit immanentem Wachstum aufgrund des weiterschreitenden Zentralisationsprozesses zu begnügen. War schon der aufwärtsstrebende Kapitalismus ständig begleitet von einer Zunahme der Vergesellschaftung von Mangel und Elend, so ist der Gleichgewichtskapitalismus, wie ihn die Fachleute vom MIT-Institut herbeisehnen, nur noch Krisenmanagement ohne fortschrittliche Tendenzen.

Die Produktion nicht reproduktiver Werte, also Mangelproduktion, ist bloß die eine Methode des Kapitals, Überproduktions-/Unterkonsumtionskrisen zu verhindern. Die andere ist unproduktive Konsumtion. Sie wird zum systemnotwendigen Element, wo der Druck der Konkurrenzwirtschaft fehlt, die Ressourcen so sparsam wie möglich einzusetzen, die Verteilungskosten einzuschränken und das Wachstum der Betriebsbürokratie zu begrenzen. Im Monopolkapitalismus wird die Preis- durch die Werbekonkurrenz ersetzt. Die Veränderungen im ökonomischen Charakter der Produktion und der Verteilung sind begleitet von ständigem Wachstum der Angestelltenfunktionen in Anzahl und Umfang. Das Problem der Mehrwertrealisierung erhält im Vergleich zur Mehrwertproduktion immer größere Bedeutung. Kurz: Im Laufe der kapitalistischen Entwicklung dehnen sich die Bereiche unproduktiver Konsumtion immer weiter aus. Solche Bereiche sind die Betriebsbürokratie selbst, der Dienstleistungssektor überhaupt und die staatliche Verwaltung im besonderen.

Zum Problem der Bürokratisierung der Betriebsleitung äußert sich Marx: „Wie der Kapitalist zunächst entbunden wird von der Handarbeit, sobald sein Kapital jene Minimalgröße erreicht hat, womit die eigentliche kapitalistische Produktion erst beginnt, so tritt er jetzt die Funktion unmittelbarer und fortwährender Beaufsichtigung der einzelnen Arbeiter und Arbeitergruppen selbst wieder ab an eine besondere Sorte von Lohnarbeitern. Wie eine Armee militärischer, bedarf eine unter dem Kommando desselben Kapitals zusammenwirkende Arbeitermasse industrieller Oberoffiziere (Dirigenten, managers) und Unteroffiziere (Arbeitsaufseher, foreman, overlookers, contre-maîtres), die während des Arbeitsprozesses im Namen des Kapitals kommandieren. Die Arbeit der Oberaufsicht befestigt sich zu ihrer ausschließlichen Funktion.“ [133]) Mit dem Wandel im ökonomischen Charak-

machen. M a r x bestimmt den Zusammenhang zwischen Kaufmanns- und Industriekapital folgendermaßen:
„1. Je größer das Kaufmannskapital im Verhältnis zum industriellen Kapital, desto kleiner die Rate des industriellen Profits und umgekehrt.
2. Wenn es sich im ersten Abschnitt zeigte, daß die Profitrate immer eine kleinere Rate ausdrückt als die Rate des wirklichen Mehrwerts, d. h. den Exploitationsgrad der Arbeit immer zu klein ausdrückt, . . . , eine Rate des Mehrwerts von 100 %, als eine Profitrate von nur 20 %, so weicht dies Verhältnis noch mehr ab, soweit nun die Durchschnittsprofitrate selbst, bei Einrechnung des dem Kaufmannskapital zufallenden Anteils, wieder kleiner erscheint, hier als 18 % statt 20 %. Die Durchschnittsrate des Profits des direkt exploitierenden Kapitalisten drückt also die Rate des Profits kleiner aus, als sie wirklich ist.“ [138]) Folglich ist das industrielle Kapital darauf bedacht, sich die gesamte Profitrate anzueignen. Dies kann geschehen, wenn es selbst jene Funktionen wahrnimmt, welche ansonsten dem Handelskapital zukommen. Rentabel ist dies allerdings nur bei relativ großen Märkten und hochgradiger Monopolisierung. Heute kann man bereits allenthalben eine Entwicklung zum Direktverkauf des Produzenten an den Konsumenten feststellen. Dies trifft im Bereich der Europäischen Wirtschaftsgemeinschaft zu vor allem auf die meisten Branchen der Investitionsgüterindustrie, wo der Zwischenhandel bloß noch in entlegenen Marktbereichen wie Österreich — vorläufig noch — existenzfähig erscheint, gilt aber auch für Gebrauchsgüter, die in privaten Haushalten Verwendung finden wie Bodenbeläge aller Art, Plastikwaren, Kraftfahrzeuge, Haushaltsgeräte usf. Indem sich das industrielle Kapital zusätzlich Funktionen des Handelskapitals aufhalst, ist es gezwungen, zusätzliche Lohnarbeit in diesem unproduktiven Bereich zu finanzieren, die Betriebsbürokratie aufzublähen. Diese Notwendigkeit ergibt sich auch dann, wenn Produktion und Austausch nicht kurzgeschlossen werden. Denn durch die Transferierung von der Preis- zur Werbekonkurrenz muß nun auch

de. Detaillist besonders angesprochen werden. Er fällt natürlich auf die Tricks der Werbung nicht herein, sondern läßt sich von handfesten materiellen Interessen leiten: Naturalrabatte, Werbematerial, das seinem Geschäft überhaupt zugute kommen muß, und Werbegeschenke machen ihm den bevorzugten Vertrieb spezieller Waren schmackhaft. Die Kommunikation mit dem Einzelhändler wird durch Vertreter aufrecht erhalten und intensiviert.

Ein weiterer Grund für den Feudalisierungsprozeß des Kapitals kann erblickt werden im Mißtrauen der Betriebsleitungen gegenüber den produktiven Arbeitern, welche immer stärker reglementiert und kontrolliert werden, um jeden Leerlauf zu verhinden. Diese Kontrolle erfolgt um den Preis des Einsatzes von Arbeitszeit zur Ausfüllung von Formularen und Protokollen, welche wieder von zusätzlich eingestellten unproduktiven Arbeitern ausgewertet werden müssen, in den meisten Fällen aber nur die Funktion haben, ein Gefühl von Überwachung aufrechtzuerhalten, und nicht als Entscheidungsgrundlage herangezogen werden.

Der raschen Zunahme der organischen Zusammensetzung des Kapitals steht also gegenüber eine fortlaufende Veränderung in der Struktur der Lohnarbeit. Der Abnahme der produktiven Arbeiter entspricht eine überdimensionale Zunahme der unproduktiven Tätigkeiten im Betrieb. Dieser Prozeß hat seine Auswirkungen nicht nur auf Statistiken; er bringt ganz konkrete Nachteile für die Lohnarbeiter mit sich. Die fortwährenden Rationalisierungsmaßnahmen in den Betrieben, die, wie ihr Ergebnis zeigt, irrationalen Kriterien gehorchen, setzen Arbeiter und Angestellte der ständigen Unsicherheit aus, sich umstellen zu müssen, Dequalifizierungsprozessen unterworfen zu werden. Diese neue Form der Arbeitsplatzunsicherheit — zwar nicht Verlust von Arbeitsmöglichkeiten überhaupt, aber immerhin Verlust des vertrauten Arbeitsplatzes, Entwertung der Fachausbildung, Gefahr für ältere Lohnarbeiter bei einem Arbeitsplatzwechsel, das alte Lohnniveau nicht mehr zu erreichen, usf. —, die von den Gewerkschaftern wohltönend Arbeitsplatzmobilität genannt wird, ohne daß sie zureichendes Ausmaß der Arbeitszeitverkürzung verlangen, um die Trennung von Ausbildung und Beruf aufzuheben, ersetzt den Druck der „klassischen" Reservearmee auf das Selbstbewußtsein des Proletariats.

In der Öffentlichkeit wird in der Regel viel Lärm um die mit der fortschreitenden Automation auch verbundenen Qualifizierungsprozesse der Arbeitskraft gemacht. Sie ist aber nur ein Nichts im Vergleich zu den Dequalifizierungsprozessen, von denen sie begleitet werden. Tjaden-Steinhauer und Tjaden belegen dieses Faktum für die Zeit von 1950 bis 1961 in der Bundesrepublik: „Mit der Zunahme der Konzentration der Arbeiter auf die technisch entwickelten Großbetriebe änderte sich die Qualifikationsstruktur der Industriearbeiterschaft: bei einer Abnahme der ungelernten und einer Zunahme der Facharbeiter in den Mittel- und Großbetrieben nahm dort vor allem der Anteil der angelernten Arbeiter in Folge der weiteren Mechanisierung und der Einführung von Halbautomaten für Teilprozesse zu. Insgesamt verminderte sich in dieser Zeit der Anteil der Facharbeiter, zumal durch Abnahme der traditionellen Lehrberufe." [139]) Eine weitere Verschärfung der Teilung des Proletariats in eine kleine, relativ hochqualifizierte Gruppe und eine große, relativ unqualifizierte Gruppe konstatieren die beiden Autoren für die Entwicklung der letzten Jahre. „Es ist Ausdruck einer parallelen Entwicklung des gesellschaftlichen Produktivkraftsystems, daß ein wachsender Teil der Arbeiterklasse von der unmittelbaren materiellen Produktion freigestellt wurde, wobei diese zunehmend durch geringer qualifizierte Arbeitskräfte aus der Reservearmee der südeuropäischen Länder in Gang gehalten und vermittelt wurde. Das Vordringen teilautomatisierter Aggregatsysteme verstärkte — unter den herrschenden Produktionsverhältnissen — tendenziell die Polarisierung von Teilen der Industriearbeiterschaft in hochqualifizierte Angelernte einerseits und einfache Hand- und Teilarbeiter andererseits. Die Ausbreitung der Büroautomation führte im Bereich der Unternehmensbürokratie zu einer Polarisierung der Angestellten infolge des

Abbaus mittlerer Qualifikationen und durch deren Differenzierung in eine schmale Schicht hochqualifizierter Spezialisten und eine breite Schicht ‚Büroarbeiter'." [140])
Zu einem ähnlichen Ergebnis kommt auch Heinz Jung im bereits zitierten Argument-Heft: „Die Qualifikationsanforderungen, die den neuen Typ des Produktionsarbeiters schaffen, entwerten gleichzeitig die Berufsfertigkeiten und damit den Wert der Arbeitskraft von traditionellen Arbeiter- und Angestelltengruppen. Wächst auf der einen Seite der Wert der Arbeitskraft von Gruppen neuer Spezialisten, so erhöht sich die Existenzunsicherheit für andere Gruppen der Arbeiterklasse." [141]) Neben diesem Zusammenhang ist eine Mobilität zwischen Arbeitern und Angestellten festzustellen. „Die Mobilität zwischen beiden Hauptschichten der Arbeiterklasse verläuft wechselseitig. So wurden zwischen April 1966 und April 1967 (in der BRD — L. H.) nach Ergebnissen des Mikrozensus 53 000 männliche Angestellte zu Arbeitern und 84 000 Arbeiter zu Angestellten; gleichzeitig wurden 39 000 weibliche Angestellte zu Arbeiterinnen und 60 000 Arbeiterinnen zu Angestellten." [142])
Die zunehmend kürzer werdenden Zyklen der Entwertung der Produktionsmittel aufgrund technischer Innovation, das rasche Wachstum der Automation, welche die Zirkulation für die Produktionsgüterindustrie beschleunigt, haben einen Entwertungsprozeß der Arbeitskraft zur Folge. Es wird eine Mobilität der Arbeiter und Angestellten erzwungen, d. h. von ihrer vergegenständlichten, vom Kapital angeeigneten Arbeitskraft gegen ihre lebendige durchgesetzt. Dieses Faktum ist keine notwendige Begleiterscheinung des wissenschaftlich-technischen Fortschritts, sondern Resultat seiner Anwendung im kapitalistischen Verwertungsprozeß. „Die Trennung von qualifizierten und unqualifizierten, privilegierten und subalternen, von anleitenden und ausführenden Tätigkeiten ist nicht abstrakt dem wissenschaftlich-technischen Fortschritt geschuldet; sie reflektiert die Entfaltung der Produktivkräfte unter kapitalistischen Bedingungen, in denen die Arbeiterklasse nicht Subjekt, sondern Objekt der gesellschaftlichen

Planung ist." [143]) Die Unterteilung der Lohnabhängigen in stark differenzierte Schichten hat ihre — politischen — Auswirkungen auf deren Bewußtseinslage. Im ersten Teil ihrer Arbeit untermauern Deppe und Lange diese Einsicht mit einem Zitat aus einer empirischen Untersuchung von A. Wilener [144]): „. . . , es könne keinen Zweifel darüber geben, daß es (in der Arbeiterklasse — L. H.) fundamentale Unterschiede zwischen dem Gesellschaftsbild derer an der Spitze der sozialen Skala und derer an ihrem Fuß gibt. . . . Die ›unteren‹ Kategorien der Befragten antworteten vorwiegend nicht im Sinne von Schichten, sondern von Klassen; umgekehrt haben die Befragten aus den ›höheren‹ Kategorien die Tendenz, häufiger von Schichten als von Klassen zu sprechen'." [145])
Der politische Effekt des Feudalisierungsprozesses ist evident: Arbeitsplatzunsicherheit trotz teilweiser Vollbeschäftigung und Zersplitterung des Klassenbewußtseins des Proletariats. Letzterer Aspekt findet seine ideologische Ausformung auch bei kritischen Autoren, die wie Mallet von einer „neuen Arbeiterklasse" sprechen, oder bei liberalen, welche einen „neuen" Mittelstand diagnostizieren. Die Bürokratisierung der Betriebe dient den theoretischen Wasserträgern des Kapitals überdies dazu, überhaupt von einer Herrschaft der „Oberoffiziere", der Manager zu reden, welche angeblich die Leitungsfunktionen der Kapitalbesitzer übernommen haben. Dieser Ideologie steht jedoch die Tatsache gegenüber, daß mit der Konzentration und Zentralisation des Kapitals Konzentration und Zentralisation wirtschaftlicher und damit auch politischer Macht in den Händen einer kleinen Gruppe von Kapitalisten einhergeht. Wenn dagegen die Existenz von Aktiengesellschaften und breit gestreutem Aktienbesitz gehalten wird, bringt man gerade jene Gesellschaftsform privatkapitalistischer Betriebe ins Spiel, welche diesen Konzentrations- und Zentralisationsprozeß vorangetrieben hat und weiter vorantreibt. Oft genügt ein Aktienvolumen von nur 10 Prozent der Stammanteile, um eine Aktiengesellschaft zu beherrschen und zur Verfügung über ihre gesamte wirtschaftlich/poli-

tische Macht. Mit dem Kapital dieses Betriebs kann eine Aktienmehrheit in einem weiteren erworben werden usf., so daß der Besitzer von 10 Prozent der Aktien des ersten Unternehmens schließlich über die Macht eines ungleich größeren Kapitals verfügt. „Nominell liegt die Kontrolle innerhalb der Gesellschaft in den Händen der Aktionäre. Doch die Besitzer einer Aktienmajorität haben legal faktisch vollständige Kontrolle über das von allen Aktionären eingebrachte Kapital, und in der Praxis genügt für gewöhnlich weit weniger als die Mehrheit. . . . Aufgrund dieser Tatsache kann der Großaktionär, der ein großes Aktienpaket in einer oder mehreren Gesellschaften beherrscht, eine Kapitalmenge unter seine Kontrolle bringen, die um ein Vielfaches seine eigene übersteigt." [146]) Dies wurde insbesondere für die USA auch in empirischen Untersuchungen nachgewiesen. [147])

Die politischen Auswirkungen des Feudalisierungsprozesses sind aber nur Nebeneffekte, mehr oder weniger zufällige Begleiterscheinung der monopolkapitalistischen Entwicklung. Sie ist wesentlich bestimmt durch die rasch vorandrängende Entfaltung der Produktivkräfte und das Wegfallen des Marktmechanismus. Diese beiden Erscheinungen haben die Verstärkung des Gegensatzes zwischen Arbeits- und Marktökonomie zur Folge. Verlangen die nach dem Prinzip der Kommunikationsmittel organisierten Produktionsmittel nach Gesamtplanung der Wirtschaft, um sie rational und rationell einsetzen zu können, so macht der irrationale Gesamtzusammenhang der kapitalistischen Verteilung — wobei diese Irrationalität durch Wegfallen des traditionellen Regulators noch verstärkt wird — ein umfangreiches prognostisches Instrumentarium auf Betriebsebene erforderlich. Beide Faktoren bewirken das ausufernde Wachstum unproduktiver Tätigkeiten, erzwingen unproduktive Konsumtion. Auf der einen Seite wird die Lohnarbeit als Objekt der gesellschaftlichen Produktion im Kapitalismus weiterhin unter Kuratel gestellt, was einen differenzierten hierarchischen Aufbau auch im eigentlichen Produktionsprozeß voraussetzt und somit mehr unproduktive Aufsichtsarbeit hervorruft, desto höher seine technische Entwicklung ist. Auf der anderen Seite erfordert die Substitution des Marktmechanismus einen Ersatz durch Marktanalyse, Prognose- und Programmierungsverfahren, um die Aufnahmefähigkeit der Märkte abschätzen und mit der Kapazität der Produktionsanlagen vermitteln zu können. Da diese Aufgaben von jedem einzelnen Betrieb selbst wahrgenommen werden müssen, wobei sie sich allerdings verschiedener Dienstleistungsbereiche als wichtiger Informationslieferanten und Korrektiv der eigenen Ergebnisse bedienen, ergibt sich eine weitere wesentliche Quelle für das Wachstum der Angestelltenfunktionen.

Anders als die Produktion von Mangel, die ja direkt den Verwertungsinteressen des Monopolkapitals entspricht, ist der Feudalisierungsprozeß dem Kapital aufgezwungen. An unproduktiver Konsumtion durch Bürokratisierung seiner Betriebsstruktur kann das Einzelkapital kein Interesse haben. Sie schlägt sich bei ihm in der Form von Nebenkosten zu Buche, die zwar zur Aufrechterhaltung der Tätigkeit seines Betriebs notwendig sind, aber keine Wert und Mehrwert schaffende Funktion haben. Wenn er könnte, würde der Kapitalist diese Ausgaben so weitgehend wie möglich einschränken. Er kann es aber nicht, weil offenbar die kapitalistischen Produktionsverhältnisse einen entsprechenden Regelkreis hervorrufen: Je weiter die Produktivität der Arbeitskraft vorangetrieben wird und je mehr produktive Arbeit dadurch eingespart wird, desto umfangreicher wird der bürokratische Aufwand zur Organisation und Vermittlung der gesamtbetrieblichen Tätigkeit.

Dieses Wachstum unproduktiver Konsumtion, das eine Gesetzmäßigkeit in der monopolkapitalistischen Entwicklung zu sein scheint und auf Kosten der Profitrate des industriellen Kapitalisten geht, ist jedoch nicht beschränkt auf die Produktionsbetriebe. Es nimmt im gesamtwirtschaftlichen Bereich, also unter Einschluß des Dienstleistungssektors, und im gesamtgesellschaftlichen Bereich, also unter Einschluß der öffentlichen Hand, noch viel größere Ausmaße an. Auch hier hat die unproduktive Konsumtion den Effekt, Überproduktions-/Unterkonsumtionskrisen zu verhindern. Darin gleicht der Feudalisierungsprozeß der Mangelproduktion. Während diese aber überdies zur zusätzlichen Profitquelle für das Kapital durch Produktion nicht reproduktiver Werte wird, zehrt der Feudalisierungsprozeß an der Profitrate des produktiv eingesetzten Kapitals. Eine Vervielfältigung der unproduktiven Abschnitte, in denen Kapital um den Preis einer durchschnittlichen Profitrate eingesetzt wird, erhöht immer stärker die Differenz zwischen Produktionspreis und dem Gewinnanteil, den der industrielle Unternehmer in seine Tasche stecken kann.

Das Anwachsen der unproduktiven Tätigkeit auf gesamtwirtschaftlicher und gesamtgesellschaftlicher Ebene läßt sich ablesen aus der Entwicklung des Verhältnisses Arbeiter, Angestellte, Beamte. „In den letzten 20 Jahren hat sich das Verhältnis der einzelnen Lohnarbeitergruppen Arbeiter, Angestellte, Beamte wie folgt entwickelt:
1950: 71,8 zu 22,6 zu 5,6,
1969: 58,0 zu 35,4 zu 6,6.“ [148])

Konkret zeigt sich dies an der rapiden Wachstumsrate der Dienstleistungsberufe. Bei relativer Stagnation der Beschäftigungszahlen in der Industrie und im Wesentlichen durch interne Umschichtungen bewirkte Mobilität geht der Großteil der Zunahme der Erwerbstätigen auf das Konto des Dienstleistungssektors. „Die gesamte amerikanische Erwerbsbevölkerung nahm — rund gerechnet — seit 1929 um 50 Prozent zu. Dieser Beschäftigungszuwachs entfiel fast ausschließlich auf den Dienstleistungssektor.“ [149]) Bei näherer Aufgliederung dieses Zuwachses auf die einzelnen Dienstleistungsbereiche zeigt sich, daß die gesellschaftlich relevante Kategorie Transport und öffentliche Versorgungsbetriebe „heute nicht mehr Arbeitnehmer beschäftigt als unmittelbar nach dem ersten Weltkrieg. Sie hat lediglich durch geeignete Ausrüstung und andere Verbesserungen ihre Leistung erheblich gesteigert.“ [150]) Hingegen sind die Beschäftigungszahlen in den Zentralbereichen unproduktiver Konsumtion, Handel,

Dienstleistungen im engeren Sinn, Finanzwesen und öffentliche Verwaltung, sprunghaft angestiegen. „In der jüngeren Vergangenheit — von 1947 bis 1963 — erhöhte sich der Beschäftigungsstand im Handel um etwa drei Millionen oder um 30 Prozent Bei wirtschaftlichen und persönlichen Dienstleistungen war die absolute Zunahme etwa gleichgroß, betrug aber relativ etwa 60 Prozent. Im Finanzwesen wuchs die Beschäftigung um eine Million oder ebenfalls etwa 60 Prozent und in der öffentlichen Verwaltung um vier Millionen oder etwa 75 Prozent." [151])
Sweezy hat sich ausführlich zur Funktion des Handels als Form unproduktiver Konsumtion im kapitalistischen Krisenmanagement geäußert. „Der Handel hat eine dreifache Wirkung auf die Akkumulation. *Erstens:* Da die Unkosten des Handels einen Abzug vom Mehrwert darstellen, ist für die Akkumulation weniger Mehrwert verfügbar. Ein Teil der Unkosten sind Löhne, die von ihren Empfängern für Konsumgüter ausgegeben werden; um dieses Ausmaß wird die gesellschaftliche Konsumtion erhöht. Ein Teil der Unkosten sind Ausgaben für Gebäude, Inventar und Materialien, die weder direkt noch indirekt die gesellschaftliche Konsumtion erhöhen. Dennoch ist die Wirkung auf den Reproduktionsprozeß die gleiche, als ob die Konsumtion erhöht worden wäre, die Werte werden aufgebraucht und verschwinden aus dem Reproduktionsschema. Die erste Wirkung des Handels ist daher eine Reduktion des Mehrwerts und damit der Akkumulation sowie eine entsprechende Erhöhung der Konsumtionsrate. *Zweitens:* Da die Handelskapitalisten sich mit den industriellen Kapitalisten in den verbleibenden Mehrwert teilen, wird die Zahl der Abschnitte, in die die Gesamtmenge unterteilt wird, größer und die Durchschnittsgröße kleiner. Wir haben schon festgestellt, daß dadurch die Akkumulationsrate herabgesetzt wird. *Drittens:* Die Ausdehnung des Reproduktionsprozesses erfordert ein Wachsen des Handelskapitals, das somit eine Möglichkeit zur Investition bietet. Wir fassen zusammen: Der Handel erhöht die Konsumtion, reduziert die Akkumulation und bietet eine Möglichkeit zur Investition. Er wirkt daher der Tendenz zur Unterkonsumtion

entgegen.“ [152]) In der Folge bringt S w e e z y ein Zitat, das das Ausmaß der unproduktiven Konsumtion unter monopolkapitalistischen Bedingungen hervorhebt. Er stützt sich auf einen Bericht des „Twentieth Century Fund“ mit dem Titel „Does Distribution Cost Too Much?“ aus dem Jahre 1939: „Die Verteilung — nicht die Produktion — ist jetzt das Neuland des amerikanischen Geschäftssystems. Die Verteilung beansprucht 59 cents vom Dollar des Konsumenten, verglichen mit nur 41 cents für den Produktionsprozeß. Zwischen 1870 und 1930 vergrößerte sich die Zahl der in der Verteilung beschäftigten Arbeiter auf das Neunfache, während die Bevölkerung sich nur verdreifachte.“ [153]) Der Autor präzisiert sodann die Auswirkungen dieser Entwicklung auf die Profitlage des produktiven industriellen Kapitals. „Der Mehrwert, der sonst für die Akkumulation verfügbar wäre, wird nun dazu verwandt, einen aufgeschwemmten Verkaufs- und Verteilungsmechanismus zu unterhalten. Die Extraprofite des Monopols werden dadurch verringert, oft bis zu dem Punkt, wo sie nicht größer erscheinen als die Durchschnittsprofite im Wettbewerbssystem, so daß die wirkliche Existenz des Monopols verschleiert ist. Viele neue Mehrwertabschnitte werden geschaffen, z. B. in Form von Profiten von Reklamefirmen oder in Form von doppelt vorhandenen und gesellschaftlich unnötigen Kleinhandelsgeschäften. Die Konsumtion wird durch den Betrag, der als Löhne an zusätzliche unproduktive Arbeiter gezahlt wird, erhöht; die gleiche Wirkung wird, soweit der Reproduktionsprozeß in Betracht kommt, durch die Ausgaben für Material und Inventar erzielt, die für die Weiterführung der Verkaufstätigkeit und einen großen Teil der Verteilungstätigkeit erforderlich sind. Der Nettoeffekt aus all diesem ist eine Verlangsamung der Ausdehnungsrate des Kapitals und das Entstehen einer mächtigen Gegenkraft gegen die Tendenz zur Unterkonsumtion.“ [154])

Der Feudalisierungsprozeß hat auch im gesamtwirtschaftlichen Bereich seine politische Seite. Auch auf sie geht S w e e z y ein: „Das Ansteigen der Arbeitsproduktivität und das disproportionale Wachstum in der Verteilungssphäre, zu dem es im Monopolkapitalismus führt, lösen eine Entwicklung mit weitreichenden gesellschaftlichen und politischen Konsequenzen aus. Die sogenannte ‚neue Mittelklasse' der industriellen Bürokraten, freien Berufe, Lehrer, Staatsangestellten usw., die im Frühstadium der Zentralisation und des steigenden Lebensstandards unvermeidbar anwächst, wird durch eine Armee von Vertretern, Reklameagenten, Publizisten und besoldeten Angestellten ergänzt, die einen großen Teil derer bilden, die in der Verteilung beschäftigt sind. Diese Bevölkerungsgruppen werden relativ gut bezahlt und genießen dadurch einen Lebensstandard, der sie von einem subjektiven Standpunkt aus mehr oder weniger eng an die herrschende Klasse der Kapitalisten und Landlords bindet." [155]) Diese Privilegien der „neuen Mittelklasse" dürften allerdings ein höchst vergängliches Phänomen sein. Die Entwicklung seit der Erstauflage von Sweezys Buch im Jahre 1942 zeigt, daß auch diese Zwischenschicht dem Polarisationsprozeß zwischen den beiden Hauptklassen der kapitalistischen Gesellschaft nicht entgeht. Das Faktum der — ob produktiven, ob unproduktiven — Lohnarbeit ist Kriterium der Klassenzugehörigkeit, zumal der Fortschritt von Wissenschaft und Technik im Produktionsprozeß Proletarisierung sowohl der Angestellten durch Rationalisierung auch in ihrem Arbeitsbereich, als auch der Intelligenz durch ihre zunehmende Lohnabhängigkeit initiiert. Tjaden-Steinhauers und Tjadens Definition des Proletariats trifft zu auf die objektive Klassenlage: „Wesentlich getragen hingegen wird der Prozeß der materiellen Produktion und Reproduktion durch den Kern der Arbeiterklasse, die die Warenproduktion realisierenden Arbeiter und Angestellten. Diese Gruppe umfaßt neben den Arbeitern in der materiellen Produktion auch die wachsende Gruppe derjenigen Angestellten, die den unmittelbaren Produktionsprozeß im kapitalistischen Betrieb sach- und sozialtechnisch organisieren. Zu diesen Mehrwertproduzenten treten als weitere Angehörige der Arbeiterklasse der BRD diejenigen Arbeiter und Angestellten kapitalistischer Unternehmen, die — verschiedenen Wirtschaftsbereichen zugehörig — die Mehrwert-

realisierung vermitteln. Zur Arbeiterklasse müssen auch diejenigen Arbeiter, Angestellten und Beamten gerechnet werden, die als Lohnabhängige im Bereich des öffentlichen Dienstes sowie des kapitalistischen Dienstleistungsgewerbes zum Funktionieren des kapitalistischen Gesamtsystems beisteuern. Darüber hinaus gibt es die Arbeiter und Angestellten im nicht spezifisch kapitalistischen Bereich der kleinbetrieblichen Warenproduktion, Warenzirkulation und Dienstleistungstätigkeit, die unter dem Begriff des ‚Vorproletariats' zusammengefaßt werden können. Der Umfang der Gesamtkategorie der abhängig Beschäftigten (mit Ausnahme der Spitzengruppe der Angestellten und Beamten) beträgt 1969 gegen 81 % der Erwerbspersonen." [156])
Auch hier ist wieder die politische Seite des Feudalisierungsprozesses zufällig positiver Nebeneffekt für die Kapitalistenklasse einer ansonsten ihren Interessen abträglichen Entwicklung. Das ausufernde Wachstum des Dienstleistungssektors erhöht zwar die unproduktive Konsumtion und bannt damit die Gefahr einer Überproduktions-/Unterkonsumtionskrise, zehrt aber gleichzeitig an der Profitrate des Kapitals und vermindert damit die Effektivität der Produktion als Produktion für das Kapital und der Kapitalakkumulation. Daß dieser Prozeß vom volkswirtschaftlichen Standpunkt her gesehen, vor allem aber aus der Sicht der Interessen der Gesamtgesellschaft der Lohnarbeiter irrational ist und einer Vergeudung von Werten gleichkommt, deren Kehrseite der Mangel breiter Gruppen der abhängigen Bevölkerung und der Krisencharakter des gesamten Gesellschaftssystems ist, erscheint offenkundig. G r a m s c i äußert sich dazu folgendermaßen: „Es ist gewiß: je ausgedehnter die ‚Dienstleistungen' sind, desto schlechter organisiert ist eine Gesellschaft. Eines der Ziele der ‚Rationalisierung' muß sicher sein, die Sphäre der Dienstleistungen auf das rein Notwendige zu beschränken. Der Parasitismus entwickelt sich besonders in dieser Sphäre. Handel und Vertrieb im allgemeinen gehören dieser Sphäre an. Die ‚produktive' Arbeitslosigkeit bedingt eine ‚Inflation' von Dienstleistungen: Erweiterung des Kleinhandels." [157])

Das Zitat entstammt einer Sammlung von Gramscis Schriften, in der im Teil „Amerikanismus und Fordismus" Äußerungen über die Rationalisierung in der kapitalistischen Wirtschaft zusammengefaßt sind. Bezugspunkt des Autors ist vor allem natürlich die — un- und unterentwickelte — italienische Wirtschaft der 20er Jahre. Die wirtschaftliche Rückständigkeit Europas gegenüber den USA in der Zwischenkriegszeit erklärt Gramsci aus „feudalen" und „halbfeudalen" Residuen, die in Italien besonders gut zu beobachten waren. Interessant an dieser Erklärung ist das Faktum, daß nun der Kapitalismus selbst feudale Strukturen — wenn darunter eine sozio-kulturelle Regressionsstufe im Sinne Ribeiros [158]) verstanden wird — produziert, die bis vor kurzem seine Entfaltung behinderten und in diesem Zusammenhang auch vom marxistischen Standpunkt aus zu kritisieren waren, weil sie den Fortschritt der Produktivkräfte hemmten. Die neue Form der Feudalisierung, der kapitalistische Feudalisierungsprozeß, zwingt die Lohnarbeit weiterhin unter ein Joch, das es angesichts des hohen Entwicklungsstandes der Produktivkräfte, der in den entwickelten monopolkapitalistischen Staaten erreicht ist, längst abgestreift haben könnte, wenn der Reichtum der Gesellschaft gesellschaftlicher Reichtum und nicht der Reichtum weniger Reicher wäre. Die Perspektive, daß dieses Ziel bewußt angestrebt werden kann und muß und daß es erreichbar ist angesichts des hohen Vergesellschaftungsgrades nicht bloß der Handarbeit, sondern aller Leitungs- und Lenkungsfunktionen, wird erschwert wahrnehmbar durch die bürokratische/bürokratisierte Gestaltung des kapitalistischen Produktions- und Reproduktionsprozesses. Dieser negativen Auswirkung des Feudalisierungsprozesses steht eine positive gegenüber: Die Stagnation des Kapitals und sein Eingeständnis, als Schubkraft der gesellschaftlichen Entwicklung ausgespielt zu haben.

Es wäre aber falsch zu unterstellen, daß kapitalistische Mangelproduktion und kapitalistischer Feudalisierungsprozeß bereits den Endpunkt ihrer Entwicklung erreicht hätten. Sie sind vielmehr zentrale Tendenzen im Monopolkapitalismus, welche sich allerdings erst voll entfalten müssen. Ausmaß und Dynamik ihres Wachstums signalisieren aber immerhin ein fortgeschrittenes Stadium im Verfallsprozeß des Kapitalismus. Solange die Produktionsverhältnisse nicht umgestürzt sind, geht er zwangsläufig auf Kosten der Lohnarbeit.

In seinem Kampf gegen diese Entwicklung kommt dem Proletariat nun zugute die Existenz der Übergangsgesellschaften der sozialistischen Staaten. Bereits jetzt zeigt sich die Überlegenheit der sozialistischen Systeme in der rationalen Nutzung von Wissenschaft und Technik durch die Planung der Gesamtwirtschaft. Dieser Faktor bedroht einerseits die irrationale Konstruktion der kapitalistischen Produktion und Reproduktion und führt anderseits den Lohnabhängigen, die das Objekt dieses Systems sind, immer besser vor Augen, welche Möglichkeiten sie haben, wenn sie sich der kapitalistischen Fessel entledigen und die gesellschaftlichen Produktivkräfte nach dem Prinzip gesamtgesellschaftlichen Nutzens angewandt werden.

Im Feudalisierungsprozeß der kapitalistischen Wirtschaft und Gesellschaft spielt ein weiterer Faktor eine wesentliche Rolle: der Staat. Es ist klar, daß er unter kapitalistischen Herrschaftsverhältnissen Instrument der herrschenden Klasse ist. Dementsprechend steht die Entwicklung der staatlichen Funktionen und der Wandel in seiner Stellung zur Wirtschaft in engem Zusammenhang mit der Entfaltung des Kapitalismus. Die Bedeutung, welche die Eroberung der staatlichen Macht für das Bürgertum hatte, unterstreicht, daß er wesentliche Dienstleistungsfunktionen für das Kapital erfüllte und erfüllt. Er hat zur Funktion, die Entwicklungstendenzen des Kapitals zu unterstützen. Karl Theodor Schuon weist beispielsweise für Deutschland nach, daß bereits seit den napoleonischen Kriegen eine starke Staatsbürokratie Pendant und zum Teil auch Initiator der wirtschaftlichen Entwicklung, der Industrialisierung, war. Sehr bald gewinnt die nicht reproduktive Produktion von Rüstungsgütern eine hervorragende Bedeutung für die Abwendung von Überproduktionskrisen in der Schwerindustrie. Für die Epoche des

Liberialismus in Deutschland faßt Schuon die Funktionen des Staates zusammen: „Eine neue Rechtsordnung wurde geschaffen, Freizügigkeit und Gewerbefreiheit garantiert, Handelsverträge abgeschlossen, Zölle gesenkt, Eisenbahnen gebaut, ‚Gewerkschaften' verboten und niedrige Steuerbelastung der Wirtschaft gesichert. Die von Lassalle mit dem Terminus ‚Nachtwächterstaat' spöttisch umschriebene und von der liberalen ökonomischen Theorie untermauerte Forderung nach dem Rückzug des Staates aus der Wirtschaft richtete sich in der politischen Praxis immer nur gegen ganz spezifische Formen des staatlichen Eingriffs, niemals gegen die wirtschaftlich relevante Tätigkeit des Staates überhaupt, wie das die liberale Ideologie bis hin zur ‚Kritik der Kritik' bis heute behauptet." [159])
Dem bürgerlichen Staat fällt schon immer die Funktion zu, die kapitalistischen Besitzverhältnisse zu sichern und in solchen Bereichen der Wirtschaft und Gesellschaft aktiv zu werden, die dem privaten Kapital nicht profitabel genug, aber für die Aufrechterhaltung seiner Aktivität von Bedeutung sind. Von den „freien" Gütern abgesehen hat der Staat zu einem wesentlichen Teil die externen Kosten der privatkapitalistischen Produktion zu tragen: Er ist verantwortlich für Ausbau und Funktionsfähigkeit der sogenannten Infrastruktur. Sie umfaßt alle jene Einrichtungen, die im unmittelbaren Produktionsprozeß keine direkte Rolle spielen, aber die vorausgesetzt sind, damit überhaupt produziert werden kann. Dazu zählen Verkehrsnetz, Kommunikationsverbindungen, Bildung und Ausbildung der Arbeitskräfte, Forschung und Entwicklung usf. Der Staat nimmt in gewisser Weise die Stelle des nationalen Gesamtkapitalisten ein, der allerdings den Einzelkapitalien dienstbar ist. Ihm kommt es auch zu, Tendenzen der kapitalistischen Entwicklung wie Zentralisation und Konzentration zu fördern, Bereiche nicht reproduktiver Produktion zu sichern und durch das ausufernde Wachstum seiner Dienstleistungstätigkeit die unproduktive Konsumtion voranzutreiben. Sweezy faßt die Funktion des kapitalistischen Staates folgendermaßen zusammen: „In erster Linie tritt der Staat in der

ökonomischen Sphäre in Aktion, um Probleme zu lösen, die durch die Entwicklung des Kapitalismus gestellt werden. Zweitens wird dort, wo die Interessen der Kapitalistenklasse in Betracht kommen, die Staatsmacht reichlich genutzt. Und schließlich kann der Staat auch dazu eingesetzt werden, der Arbeiterklasse Konzessionen zu machen, vorausgesetzt, daß die Konsequenzen der Unterlassung von Konzessionen für die Stabilität und das Funktionieren des Systems insgesamt wirklich gefährlich sind." [160])

Insgesamt ist der Staat somit ein wesentlicher Fakor des kapitalistischen Krisenmanagements: Von seiner Schutzfunktion der herrschenden Besitzverhältnisse abgesehen trägt er anstandslos die externen Kosten der kapitalistischen Produktion, wobei die Finanzierung freilich wieder auf gesamtgesellschaftlicher Basis erfolgt, d. h. auf Kosten der Lohnabhängigen geht. Der beträchtliche Umfang des Staatshaushaltes macht hingegen dem privaten Kapital nichts streitig; vielmehr geht er einerseits auf in die Bezahlung von FE, die privatkapitalistisch genutzt wird, von Produktion nicht reproduktiver Güter — Rüstung, Umweltschutz usf. — und in unproduktive Konsumation durch die Gehälter der ausufernden Staatsbürokratie. Ihr ungeheures Wachstum bestätigt die zunehmenden Schwierigkeiten der kapitalistischen Gesellschaften, sich am Leben zu erhalten, die Tendenz zur Krise abzuwenden. Bei diesen Bemühungen kommt der vornehmlich technokratisch orientierten Sozialdemokratie, die sich wie in Österreich mitunter noch Sozialistische Partei nennt, insbesondere in Mitteleuropa große Bedeutung zu. Die Ideologie, parlamentarische Stimmenmehrheit stelle politische Macht dar, unterstellt, die Macht im Staate könne unabhängig von der Umstürzung der Besitzverhältnisse von einer politischen Partei übernommen werden, die sich als Interessenvertretung der Lohnabhängigen ausgibt. Offenkundig bedeutet die Einbeziehung der Sozialdemokratie in das Krisenmanagement der parlamentarischen und Verbandsdemokratie der Bourgeoisie keine „sozialpartnerschaftliche" Beteiligung am politischen und wirtschaftlichen Entscheidungsprozeß, sondern die Instrumentierung einer

Elite im Sinne des Kapitals, die für kurze Zeit den Lohnabhängigen weismachen kann, ihre Interessen zu vertreten. Marx hat den Charakter der Sozialdemokratie angesichts der „eigentümlichen“ Koalition zwischen Kleinbürgertum und Montagne im konterrevolutionären Paris von 1849 geschildert: „Der eigentümliche Charakter der Sozial-Demokratie faßt sich darin zusammen, daß demokratisch-republikanische Institutionen als Mittel verlangt werden, nicht um zwei Extreme, Kapital und Lohnarbeit, beide aufzuheben, sondern ihren Gegensatz abzuschwächen und in Harmonie zu verwandeln.“ [161]) Die Treffsicherheit dieser Definition wird durch die Rolle der Sozialdemokratie in der Bundesrepublik und in Österreich bestätigt. Ihr allein war es möglich, die Kosten des Krisenmanagements in der westdeutschen Wirtschaftskrise 1966/67 und des Anschlusses Österreichs durch und an die Europäische Wirtschaftsgemeinschaft den Lohnabhängigen aufzuhalsen. Als Kompensation wird den sozialdemokratischen Regierungen vom System zugestanden, solche „inneren Reformen“ zu forcieren, deren Effekt dem Kapital zugute kommt, bzw. seine Monopolisierung vorantreibt. Das sozialdemokratische Moment im kapitalistischen Krisenmanagement hat seine Funktion dort, wo Maximen der „rückständigen“ Fraktionen des Kapitals ausgeräumt werden müssen, die die Entwicklung der „progressiven“ hemmen. Das trifft zu beispielsweise auf die geplanten Assanierungsgesetze und Veränderungen des Bodenrechts.

Der technologische Ansatz des sozialdemokratischen Reformismus in der Organisation des bürgerlichen Staates ist ein verkümmerter Versuch, seine Ordnungsfunktion irrationaler Zusammenhänge auf wissenschaftlicher Basis zu rationalisieren. Gestalt nimmt dieser vergebliche Versuch an in der Intensivierung des Wachstums der Bürokratie, weil scheinrationale Planung umfangreiche Analyse des irrationalen Systems erfordert. Empirische Soziologie und Ökonomie entwerfen Strategien, die kurzfristig Abhilfe schaffen, langfristig die im Gegensatz von Lohnarbeit und Kapital fundierten Mängel der kapitalistischen Gesellschaft nicht

beheben können, sondern sie eher verstärken. Die grundsätzliche Funktion des Staates wird durch den sozialdemokratischen Reformismus nicht angetastet: „,Gesellschaftliche Kontrolle' ... betätigt sich nicht als Beschränkung des kapitalistischen Eigentums, sondern umgekehrt als dessen Schutz. Oder ökonomisch gesprochen, sie bildet nicht einen Eingriff in die kapitalistische Ausbeutung, sondern eine Normierung, Ordnung dieser Ausbeutung."[162])
Unproduktive Konsumtion auf der Ebene der Produktionsbetriebe, der Gesamtwirtschaft und der Gesamtgesellschaft ist bloß eine Seite des kapitalistischen Feudalisierungsprozesses. Hinsichtlich der Organisation der Produktion zeigt sich in dieser Tendenz eine jener Funktionen des Kapitals, in denen es die Entfaltung der Produktivkräfte einschränkt. Das wird evident, wenn man sich der Beschreibung des Produktionsprozesses als Informationsprozeß und des einzelnen Arbeitsplatzes als Glied einer Datenverarbeitungskette durch Hermann Hendrich erinnert. Derartige Organisation der Produktion legt nahe „eine ahierarchische Anordnung, bei der die Information gleichmäßig zwischen allen Stellen eines Fertigungssystems ausgetauscht wird oder zugänglich ist." [163]) Das Kapital verhindert diese Möglichkeit, die im unmittelbaren materiellen Produktionsprozeß tätigen Arbeitskraft die Herrschaft über ihre Arbeit zurückgewinnen zu lassen, indem sie eine hypertrophe hierarchische Struktur von Angestellten auf- und ausbaut, die das Informationsmonopol des Kapitals über den Produktionsprozeß verwaltet.
Die andere Seite des kapitalistischen Feudalisierungsprozesses besteht indessen darin, daß das Monopolkapital zu seiner eigenen Schranke wird. Diesen Aspekt hat Sweezy hervorgehoben: „Wir wollen uns nun den Wirkungen des Monopols auf den Bedarf an neu akkumuliertem Kapital zuwenden. Hier ist der entscheidende Faktor der, daß schon die Aufrechterhaltung des Monopols es erforderlich macht, Investitionen von den monopolisierten und daher ertragreichsten Industriezweigen fernzuhalten. Wir beobachten die paradoxe Tatsache, daß ein Monopolist, der große Profite macht, sich weigert, in seiner eigenen Industrie

mehr Kapital zu investieren, und nach Investitionsmöglichkeiten außerhalb seines Monopols sucht, obwohl die dort zu erzielende Profitrate geringer sein wird. Das Paradox verschwindet, sobald wir erkennen, daß die Investitionspolitik des Monopolisten nicht durch seine Gesamtprofitrate oder durch die Rate, die durch die zusätzliche Investition als solche erreicht werden kann, bestimmt wird, sondern durch das, was wir als Grenzprofitrate bezeichnen können, das heißt: durch die Rate der zusätzlichen Investition, nachdem miteingerechnet wurde, daß die zusätzliche Investition eine Profitminderung für die alte Investition im Gefolge haben muß, da sie den Ausstoß erhöhen und den Preis reduzieren wird. ... Das Prinzip, daß der Monopolist in seinen Investitionsentscheidungen von der Grenzprofitrate bestimmt wird, ist von grundsätzlicher Bedeutung. Es hilft uns nicht nur bei der Erklärung der Tatsache, daß die Investition in monopolisierten Industriezweigen aufhört, während die Profitrate immer noch hoch zu sein scheint; es hilft uns auch zu verstehen, wie und warum die Einstellung des Monopolkapitals zu technischen Veränderungen eine andere ist als die des Wettbewerbskapitals." [164])

Zwei Gesichtspunkte sind also näher zu untersuchen: 1. Welche Bedeutung es hat, daß sich das Monopolkapital bei Investitionsentscheidungen an der Grenzprofitrate orientiert. 2. Welche Auswirkungen die Monopolisierung auf technische Neuerungen hat.

In einer Fußnote beschreibt Sweezy exakt, was es mit der Grenzprofitrate auf sich hat. „Das folgende Beispiel wird helfen den Begriff zu klären. Ein Monopolist mit einem Kapital von $ 1,000 produziert jährlich 100 Einheiten zu den Kosten von $ 5 pro Einheit und verkauft zu einem Preis von $ 10 pro Einheit. Sein Profit ist $ 500 oder 50 % seines Kapitals. Die Addition von $ 100 zu seinem Kapital wird ihm erlauben, 10 weitere Einheiten zu produzieren, wie zu den Kosten von $ 5 pro Einheit. Um 110 Einheiten zu verkaufen, muß der Preis aber von $ 10 auf $ 9 reduziert werden. Der Profit für die zusätzliche Investition würde dann sein $ 90 — 50 = $ 40 oder 40 % für das zusätzlich benötigte Kapital. Der Monopolist muß aber die Tatsache in Rechnung stellen, daß der Preis von $ 9 sich auf alle Einheiten bezieht. Da er 100 Einheiten zu $ 10 verkauft hat, wird er $ 100 verlieren, wenn der Preis auf $ 9 sinkt. Dieser Verlust ist neben den Gewinn von $ 40 von den zusätzlich zu verkaufenden Einheiten zu stellen. Ganz offensichtlich überwiegt der Verlust bei weitem den Gewinn, die Grenzprofitrate ist faktisch negativ. Der Monopolist wird besser daran tun, seine $ 100 außerhalb seiner eigenen Industrie zu investieren, so lange er überhaupt irgendeinen Profit erhalten kann, und wenn das unmöglich ist, hält er besser seine $ 100 in bar zurück, anstatt sie in sein eigenes Unternehmen zu stecken." [165])

Die in diesem vereinfachten Beispiel im mikroökonomischen Bereich exakt herausgearbeitete Tendenz ist konkret für einzelne Monopolisten nur schwer nachzuweisen, weil die nötigen Informationen dazu fehlen. (Daß diese Einsicht richtig ist, wird von der Grenznutzentheorie der bürgerlichen Nationalökonomie und ihrer Anwendung in der Praxis kapitalistischer Kostenrechnung bestätigt.) Augenfällig ist die Tendenz jedoch im makroökonomischen Bereich, in der spezifischen Form des Wirtschaftsimperialismus unter monopolkapitalistischen Vorzeichen etwa. Die imperialistischen Zielsetzungen in den halbkolonialen Ländern Südamerikas, Asiens und Afrikas gelten nicht mehr in erster Linie der Sicherung von Rohstoffquellen und zusätzlichen Märkten für Produkte aus den Metropolen, sondern vor allem der Eröffnung neuer profitabler Möglichkeiten zur Kapitalanlage. Die sogenannte Entwicklungshilfe der westlichen Staaten erfüllt dabei die Aufgabe, den nationalen Regierungen der halbkolonialen Länder um teures Geld die Mittel zum Ausbau der Infrastruktur in die Hand zu geben, die Voraussetzung kapitalistischer Produktion sind. Der Aufbau von Industrieanlagen westlicher Monopole wird zusätzlich durch billige Kredite unterstützt. Ihr Betrieb ist für das Kapital nicht nur aufgrund der niedrigen Lohnkosten und der Reduzierung von Transportkosten interessant, die ansonsten seinen Profit schmälern; er gewinnt dadurch eine zusätzliche Bedeutung, daß unter diesen Voraussetzungen überdies in den

Metropolen entwertetes fixes Kapital, veraltete Produktionsmittel, einen neuen Produktions- und Reproduktionsprozeß für das Kapital in Gang setzen. Da die USA die monopolkapitalistische und imperialistische Vorherrschaft einnehmen, tragen sie besondere Verantwortung für die Aufrechterhaltung der profitablen Kapitalanlagemöglichkeiten in den halbkolonialen Ländern. In Vietnam geht es nicht um die Feuerprobe „westlicher Freiheit“ oder was das auch immer heißen mag, sondern darum, der sogenannten dritten Welt überhaupt den Herrn zu zeigen, der ihrer bedarf, um Kapitalakkumulation infolge von mangelnder Anlagemöglichkeit nicht überhaupt sinnlos erscheinen zu lassen.

Das metropolitane/koloniale Verhältnis zwischen starkem und schwachem Kapital ist allerdings nicht auf die Beziehung der westlichen Industriestaaten zu den Ländern Asien, Afrikas und Lateinamerikas beschränkt. Gleiches gilt innerhalb der Welt der entwickelten Industriegesellschaften des Westens. Dies geht hervor aus der Aktivität westdeutschen Kapitals in Österreich. Das in seiner Entwicklung zurückgebliebene Land stellt nicht nur einen traditionellen Markt der westdeutschen Industrie dar, sondern bietet auch zunehmend Kapitalanlagemöglichkeiten. Siemens gelang es beispielsweise mit Leichtigkeit, die verstaatlichte Elektroindustrie des Landes nach ihrer finanziellen Aushungerung durch den österreichischen Staat in die Tasche zu stecken. Umfangreiche Produktionsanlagen, hoch ausgebildete Arbeitskräfte und traditionelle Handelsbeziehungen wurden um den Preis einer relativ geringfügigen Kapitalinvestition einer Aktienmehrheit des westdeutschen Konzerns unterstellt. Die österreichische Bundesregierung, die von den Sozialdemokraten gestellt wird, hat für das Gebiet um das Braunkohlerevier Fohnsdorf einen Entwicklungsplan erstellt. Er sieht vor, Grundstücke an Firmen gratis zu vergeben, die dort Industriebetriebe errichten, Investitionsabschreibemöglichkeiten in erhöhtem Ausmaß, Kredithilfen usf. Dieses Modell spiegelt exakt wieder die Unterstützung, welche von Regierungen un- und unterentwickelter Länder mächtigen Kapi-

talgruppen gewährt werden. In der Regel kommt noch die Erlaubnis hinzu, die erzielten Gewinne frei ins Ausland an die Muttergesellschaften zu transferieren. Wo dies nicht der Fall ist, werden die Zahlungsbedingungen für Vorprodukte und Hilfsstoffe, welche die Mutterfirmen an ihre Töchter liefern, so berechnet, daß in diesen Preisen der Gesamtgewinn der Zweiggesellschaften enthalten ist, wodurch der gleiche Effekt erzielt wird.
Die Form von produktiver Kapitalanlage der Monopole in un- und/oder unterentwickelten Staaten ist typisches Instrument des Wirtschaftsimperialismus der Nachkriegszeit. Er wird und wurde beherrscht und angeführt von den USA bzw. dem amerikanischen Monopolkapital. Die Weigerung der amerikanischen Monpolisten, das in ihrem Monpolbereich akkumulierte Kapital in ihren Monopolbetrieben anzulegen, führte aufgrund des hohen Monopolisierungsgrades der gesamten amerikanischen Wirtschaft zum ungeheuren Kapitalexport der USA, der die wirtschaftliche Entwicklung Europas überhaupt erst wieder angeregt und die Wirtschaft der gesamten westlichen Hemisphäre in dieser Periode bestimmt hat. Dem steht gegenüber die Stagnation der amerikanischen Wirtschaft und das Anwachsen des Arbeitslosenheeres, die dem gleichen Faktum geschuldet sind. Das Krisenmanagement der amerikanischen Regierung ist darauf beschränkt, durch rasch zunehmende Rüstungsausgaben eine weitere Verschärfung der Stagnation und der Arbeitslosigkeit zu verhindern. Die Produktion nicht reproduktiver Güter wird finanziert durch eine hohe Inflationsrate; die Erweiterung des gesellschaftlichen Konsumtionsfonds durch die Löhne, die in der Rüstungsindustrie bezahlt werden, reicht gerade aus, um seine Schmälerung durch Arbeitslosigkeit wett zu machen. Dadurch wieder bleibt die Verwertbarkeit der von den Monopolen produzierten Waren gesichert, während die Inflation das in der Rüstungsindustrie akkumulierende Kapital bestimmt, das neu und zusätzlich akkumulierte Kapital neuerlich im Ausland anzulegen.
Auf die Analyse des amerikanischen Gesamtkapitals, das den höchsten Monopolisierungsgrad überhaupt erreicht hat, trifft zu,

was Sweezy über die Investitionstätigkeit des einzelnen Monopolisten sagt. Demnach ist die amerikanische Monopolwirtschaft gezwungen, wenn es seine Grenzprofitrate nicht in die Gefahr zu sinken bringen will, im Ausland zu investieren. Im amerikanischen Inland hat das einen Feudalisierungsprozeß der Wirtschaft zur Folge. Er kommt auf gesamtgesellschaftlicher Ebene zum Tragen. Den ungeheuren Rüstungsausgaben steht das größte materielle Elend gegenüber. Die gesamtgesellschaftlichen Krisenerscheinungen erreichen im reichsten Land der Erde ihr größtes Ausmaß. Den hohen Kosten des Vietnamkriegs entspricht der Zusammenbruch sozialer Einrichtungen und das Fehlen von nennenswerten Sozialinvestitionen überhaupt. Die Krise in der Erziehung, der Schulausbildung, der Jugendkriminalität, der Umwelt, der Volksernährung, des Verkehrs usw. usf. hat in keinem westlichen Industrieland derartige Ausmaße erreicht, während es derartige Krisenerscheinungen in den Übergangsgesellschaften der sozialistischen Staaten, wenn man von einem gewissen Ausmaß der Umweltverschmutzung, das allerdings noch gesellschaftlich akzeptabel, gesamtgesellschaftlich motivierten Prioritäten anderer Art geschuldet und im Krisenfall durch Planungsänderung jederzeit abstellbar ist, praktisch überhaupt nicht gibt.

Das rasche Wachstum der Auslandsinvestitionen von Ländern wie Westdeutschland und Japan in halbkolonialen Ländern, das immer stärker werdende Eindringen europäischen Kapitals in die Vereinigten Staaten und die Formierung multinationaler Konzerne in Europa zeigen an, daß dem amerikanischen Monopolkapital die Vorherrschaft am internationalen Kapitalmarkt und im gesamten Bereich der Auslandsinvestitionstätigkeit zunehmend streitig gemacht wird. Da mit einer Beschleunigung der Monopolisierung in Europa und Japan zu rechnen ist, steht eine weitere Zuspitzung des Kampfes zwischen divergierenden Kapitalgruppen und nationalen Kapitalinteressen bevor. Bereits jetzt findet er Ausdruck in der permanenten Weltwährungskrise. Die Zuspitzung dieses Kampfes bringt notwendig eine Verschärfung der Ausbeutung der Lohnarbeit mit sich: Die Intensivierung des

Klassenkampfes durch das Kapital muß zwangsläufig zur Reaktion des Proletariats führen. Volkswirtschaftlich gesehen muß dies eine Verstärkung der Produktion nicht reproduktiver Güter (Rüstungsmaterial) in den kapitalistischen Metropolen hervorrufen, weil dies eine wesentliche Voraussetzung der Sicherung der Profitrate in dieser Situation ist. Der Kampf um Weltmarktanteile und Kapitalanlagemöglichkeiten im Ausland ist sodann verbunden mit einem weiteren Wachstum der Bürokratie in den Monopolen, die ihr Krisenmanagement im internationalen Maßstab zu betreiben versuchen.

Notwendige Begleiterscheinungen dieser absehbaren Entwicklung sind die Intensivierung der Mangelproduktion, der gesamtgesellschaftlichen Krisenanfälligkeit, des Fortschreitens des Feudalisierungsprozesses — insofern, als dem Monopolkapital immer weniger Möglichkeiten geboten werden, außerhalb seines Monopolbereichs zu investieren, was Stagnation auslöst — der Rationalisierung und damit verbundenen Freisetzung von im unmittelbaren Produktionsprozeß tätigen Lohnarbeitern bei fortschreitendem Anwachsen unproduktiver Tätigkeiten im Bereich des kapitalistischen Krisenmanagements.

Wesentlicher Gesichtspunkt, der in diesem Prozeß eine Rolle spielt, ist das Faktum, daß durch die Konkurrenz der internationalen Monopole um profitable Anlagemöglichkeiten, das Erstarken des europäischen und japanischen gegenüber dem amerikanischen Kapital, vor allem aber aufgrund der Befreiungsbewegungen und der politischen Emanzipation der halbkolonialen Länder und der Systemkonkurrenz mit den Übergangsgesellschaften dazu führt, daß der Monopolisierungsgrad des Kapitals zur Schranke seiner Verwertung wird. Darin ist der Hauptaspekt der Feudalisierung des Kapitals überhaupt zu erblicken. Dieser objektive Prozeß stellt sich also in Gegensatz zu den Verwertungsinteressen des Kapitals, die L e n i n auf den Begriff „Parasitismus und Fäulnis des Kapitalismus“ gebracht hat.[166]) Es heißt dazu: „Der Imperialismus bedeutet eine ungeheure Anhäufung von Geldkapital in wenigen Ländern, das, wie wir gesehen haben, 100 bis

150 Milliarden Francs in Wertpapieren erreicht. Daraus ergibt sich das außergewöhnliche Anwachsen der Klasse oder, richtiger, der Schicht der Rentner, d. h. Personen, die vom ‚Kuponschneiden' leben, Personen, die von der Beteiligungen an irgendeinem Unternehmen völlig losgelöst sind, Personen, deren Beruf der Müßiggang ist. Die Kapitalausfuhr, eine der wesentlichsten ökonomischen Grundlagen des Imperialismus, verstärkt diese völlige Isolierung der Rentnerschicht von der Produktion noch mehr und drückt dem ganzen Land, das von der Ausbeutung der Arbeit einiger überseeischer Länder und Kolonien lebt, den Stempel des Parasitismus auf. . . . Die Einnahmen der Rentner sind also im ‚handelstüchtigsten' Lande der Welt (Großbritannien — L. H.) *fünfmal so groß* wie die Einnahmen aus dem Außenhandel! Das ist das Wesen des Imperialismus und des imperialistischen Parasitismus." [167])

Die Tendenz des Einzelkapitals zum Monopol gefährdet nicht nur die Verwertungsmöglichkeiten des Gesamtkapitals, wird zur Fessel des Akkumulationsprozesses; vielmehr hat sie auch Auswirkungen auf das Tempo der wissenschaftlich-technischen Entwicklung und ihrer Anwendung auf den Produktionsprozeß. Dieser Aspekt wurde von Lenin deutlich herausgearbeitet: „In dem Maße, wie Monopolpreise, sei es auch nur vorübergehend, eingeführt werden, verschwindet bis zu einem gewissen Grade der Antrieb zum technischen und folglich zu jedem anderen Forschritt, zur Vorwärtsbewegung; und insofern besteht die *ökonomische* Möglichkeit, den technischen Fortschritt künstlich aufzuhalten. Ein Beispiel: In Amerika hat ein gewisser Owens eine Flaschenmaschine erfunden, die eine Revolution in der Flaschenherstellung herbeiführt. Das deutsche Kartell der Flaschenfabrikanten kauft Owens' Patente auf und legt sie in das unterste Schubfach, um ihre Auswertung zu verhindern. Gewiß kann das Monopol unter dem Kapitalismus die Konkurrenz auf dem Weltmarkt niemals restlos und auf sehr lange Zeit ausschalten (das ist übrigens einer der Gründe, warum die Theorie des Ultraimperialismus unsinnig ist). Die Möglichkeit, durch technische Verbesserungen die Pro-

duktionskosten herabzumindern und die Profite zu erhöhen, begünstigt natürlich Neuerungen. Aber die *Tendenz* zur Stagnation und Fäulnis, die dem Monopol eigen ist, wirkt nach wie vor und gewinnt in einzelnen Industriezweigen, in einzelnen Ländern für gewisse Zeitspannen die Oberhand.“ [168])
Die Technologenutopie, den Grenzen kapitalistischen Wachstums zu begegnen mit einer am Gleichgewicht orientierten Wirtschaft, erhält hier ihren ideologischen Stellenwert. Aus den oben entwickelten Eigenarten der Monopole geht hervor, daß sie in gewisser Weise zu einfacher Reproduktion tendieren. Dies scheint insofern zuzutreffen, als sie das durch produktiven Einsatz einer Kapitalmenge erzielte Mehrkapital nicht zur Ausdehnung des Produktionskapitals im Monopolbereich benützen und nicht benützen können, wenn sie ihre Profitrate nicht in Gefahr bringen wollen, sondern außerhalb — in Wettbewerbssektoren oder überhaupt im Ausland — einsetzen. Diesem Einsatz sind indessen die Grenzen fortschreitender Monopolisierung, zunehmender Monopolkonkurrenz um Anlagemöglichkeiten und starker Emanzipationsbestrebungen der halbkolonialen Länder gesetzt. Die totale Monopolisierung der „Weltwirtschaft“ würde, wenn man die Existenz der Übergangsgesellschaften unterschlägt, eine Stabilisierung des Produktionsfonds und seine Egalisierung durch den Konsumtionsfonds in allen westlichen Industriegesellschaften nach sich ziehen müssen. Wobei aber nichts gewonnen werden kann für das Kapital, weil dadurch die gesellschaftlichen Widersprüche nicht aufgehoben werden, der Umsturz des Gegensatzes zwischen Lohnarbeit und Kapital nicht verhindert wird.
Kapitalistisches Krisenmanagement im entwickelten Monopolkapitalismus wurde festgemacht an zwei Haupttendenzen: Mangelproduktion und Feudalisierungsprozeß. Beide Momente sind kurzfristig wirksame Mittel, die Bedrohung der Kapitalverwertung im kapitalistischen Wirtschaftssystem durch Überproduktions-/Unterkonsumtionskrisen entgegenzuwirken. Gleichzeitig tragen sie aber langfristig dazu bei, die Widersprüche des Kapitalismus zu intensivieren. Ausgedehnte Produktion nicht reproduk-

31 Vgl. André Leisewitz, Die Auswirkungen der Verwissenschaftlichung der Produktion auf die Monopolbildung und auf das Verhältnis Ökonomie und Politik, am Beispiel der chemischen Industrie; in: Das Argument 73, 14. Jg. Heft 5/6, S. 444 ff.
32 Vgl. Otto Brenner, Automation und technischer Fortschritt in der Bundesrepublik, Darstellung 3; in: Automation — Risiko und Chance, Bd. I, Frankfurt/M. 1965.
33 Eli Ginzberg, Technischer Fortschritt und Beschäftigung in den USA; in: a.a.O., S. 157.
34 Ebenda, S. 158.
35 Sohn-Rethel, a.a.O., S. 140.
36 Marx, Grundrisse, a.a.O., S. 14.
37 Walter Benjamin, Das Kunstwerk im Zeitalter seiner technischen Reproduzierbarkeit; in: Illuminationen, Frankfurt/M. 1961, S. 174 f.
38 Hans Kilian, Das enteignete Bewußtsein, Neuwied und Berlin 1971, S. 190.
39 Marx, Das Kapital, 3. Bd., a.a.O.
40 Wolfgang Fritz Haug, Zur Kritik der Warenästhetik; in: Kursbuch 20, 1970, S. 148 f.
41 Vgl. Zur Kritik der Warenästhetik; in: Kursbuch 20, 1970. Funktionen des Ästhetischen zur Scheinlösung von Grundwidersprüchen der kapitalistischen Gesellschaft; in: Das Argument 64, 1971. Kritik der Warenästhetik, edition suhrkamp 513, Frankfurt/M. 1971.
42 P. M. Sweezy, Theorie der kapitalistischen Entwicklung, Frankfurt/M. 1970, S. 331 f.
43 Beirat für Wirtschafts- und Sozialfragen, Gutachten über den Preis- und Kostenauftrieb, Manuskript Wien o. J., S. 68.
44 Marx, Das Kapital, 1. Bd., a.a.O., S. 53.
45 Haug, Kritik der Warenästhetik, a.a.O., S. 91.
46 Zimmer-Lehmann, Mitglied der volkswirtschaftlichen Abteilung von Österreichs größter — verstaatlichter — Bank Creditanstalt/Bankverein; in: up to date, November 1970, S. 41.
47 Motor-KURIER, Wien, 5. 8. 1972.
48 Robert Hepp, Selbstherrlichkeit und Selbstbedienung, München 1971, S. 17. Die kritischen Ansätze in diesem Buch werden überlagert vom Bedauern über den Rückgang der persönlichen Dienstleistungen, wie sie Dienstboten und betuliche Verkäufer erbracht haben. Für Hepp lohnt sich das Herr-Sein unter diesen Umständen nicht mehr. Sein reaktionäres Selbstverständnis erlaubt es ihm nicht, die positiven Ansätze in den neuen Verkaufsformen zu sehen, die sich freilich unter kapitalistischen Bedingungen nicht entfalten können.
49 Karl Trescher, Neue Entwicklungen im Handel; in: Rationalisierungskuratorium der Deutschen Wirtschaft, Produktivität und Rationalisierung, Frankfurt/M. 1971, S. 276.
50 H. J. Zellekens, Die Rolle der Technik im Handel; in: a.a.O., S. 282.
51 Ebenda, S. 287.

52 Rüdiger Stiebitz, Ästhetik und Erziehung zur Gewalt; in: Ästhetik und Gewalt, Gütersloh 1970, S. 128 f.

53 Haug, Die Rolle des Ästhetischen bei der Scheinlösung von Grundwidersprüchen der kapitalistischen Gesellschaft, a.a.O., S. 208.

54 R. L. Boyd, Mitglied der amerikanischen Management-Assoziation; in: up to date, Wien, November 1970, S. 25.

55 Ebenda.

56 Marx, Grundrisse, a.a.O., S. 313.

57 Ebenda, S. 312.

58 Ebenda.

59 Haug, Kritik der Warenästhetik, a.a.O., S. 60.

60 Ebenda, S. 57.

61 Vgl. Marx, Das Kapital, 1. Bd., a.a.O., 24. Kapitel.

62 Marx, Das Kapital, 3. Bd., a.a.O., S. 260.

63 Ebenda.

64 Marx, Grundrisse, a.a.O., S. 311.

65 Marx, Das Kapital, 1. Bd., a.a.O., S. 391.

66 Ebenda, S. 396.

67 Ebenda, S. 407.

68 Ebenda, S. 401 f.

69 Ebenda, S. 402.

70 Ebenda, S. 404.

71 Vgl. Andre Grunder Frank, Kapitalismus und Unterentwicklung in Lateinamerika, Frankfurt/M. 1969; insbesondere Kapital V, Auslandsinvestitionen als Beitrag zur lateinamerikanischen Unterentwicklung.

72 Marx, Das Kapital, 1. Bd., a.a.O., S. 404 f.

73 W. I. Lenin, Der Imperialismus als höchstes Stadium des Kapitalismus; in: Ausgewählte Werke, Moskau 1969, S. 196.

74 Marx, Das Kapital, 1. Bd., a.a.O., S. 405.

75 Leisewitz, Das Argument 73, Heft 5/6 1972, S. 467.

76 M. Tjaden-Steinhammer / K. H. Tjaden, Zur Analyse der Sozialstruktur des deutschen Kapitalismus; in: Das Argument 61, Heft 9/10, S. 650 f.

77 Lenin, Der Imperialismus als höchstes Stadium des Kapitalismus, a.a.O., S. 251 f.

78 Ulrich Künzel, Der Dollar-Imperialismus, Neuwied und Berlin 1968, S. 50 f.

79 Bertolt Brecht, Der Rundfunk als Kommunikationsapparat; in: ders.: Gesammelte Werke 18 (Schriften zur Literatur und Kunst I), Frankfurt/M. 1967, S. 129 f.

80 Hermann Hendrich, Entwicklungen für integrierte Fertigungssysteme, Sonderdruck aus Maschinenwelt-Elektrotechnik, Wien 1971, Heft 1, S. 2.

81 Shingo Shibata, Zur Theorie der Informationsrevolution; in: Deutsche Zeitschrift für Philosophie, Berlin (DDR) 1972, 20 Jg., Heft 7, S. 880.

82 Ebenda, S. 881.

83 Ebenda, S., 883 f.

84 Ebenda, S. 887.

85 Ebenda, S. 889.
86 Ebenda, S. 883.
87 Ebenda, S. 878.
88 W. F. Haug, Kritik der Warenästhetik, a.a.O., S. 61.
89 Th. W. Adorno, Resümee über Kulturindustrie; in: Hrsg. D. Prokop, Massenkommunikationsforschung 1, Frankfurt/M. 1972, S. 348 f.
90 Brecht, a.a.O.
91 Adorno, a.a.O., S. 352 f.
92 J. Habermas, Strukturwandel der Öffentlichkeit, Neuwied-Berlin 1971, S. 225.
93 Habermas, a.a.O., S. 221.
94 D. Prokop, Zum Problem von Produktion und Kommunikation im Bereich der Massenmedien; in: D. P., Massenkommunikationsforschung 1, a.a.O., S. 11.
95 Marx, Das Kapital, 3. Bd., a.a.O., S. 260.
96 Paul M. Sweezy, Theorie der kapitalistischen Entwicklung, Frankfurt/M. 1970, S. 208.
97 Ebenda, S. 216 f.
98 Heinz Jung u. a., Kampfaktionen der westdeutschen Arbeiterklasse 1966 bis 1970; in: Das Argument 62, Dezember 1970, Heft 11/12, S. 874.
99 Ebenda.
100 Mallet, a.a.O., S. 82 f.
101 Marx, Grundrisse, a.a.O., S. 308 f.
102 Prager, a.a.O., Wien 1972, S. 39 f.
103 Monopoltheorie und Kapitalismuskritik; in: Wirtschaftswissenschaft, 1971, S. 969 f.; zitiert nach: Volker Ronge, Die Umwelt im kapitalistischen System; in: Hrsg. Manfred Glagow, Umweltgefährdung und Gesellschaftssystem, München 1972, S. 120.
104 K. Th. Schuon, Wissenschaft, Politik und wissenschaftliche Politik, Köln 1972, S. 35 f.
105 Kriegsforschung und Vernichtungswirtschaft in der BRD, Köln 1970.
106 Prioritäten für die Forschungspolitik, München 1970.
107 Schuon, a.a.O., S. 58.
108 Ebenda, S. 61.
109 Ebenda, S. 62.
110 Prager, a.a.O., S. 63.
111 Schuon, a.a.O., S. 72.
112 Hrsg. Manfred Glagow, Umweltgefährdung und Gesellschaftssystem, a.a.O., S. 12.
113 Gerhard Kade, Ökonomische und gesellschaftspolitische Aspekte des Umweltschutzes; in: Hrsg. Manfred Glagow, a.a.O., S. 136.
114 Ebenda, S. 134.
115 Das Entstehen eines ökologisch-industriellen Komplexes; in: Hrsg. Manfred Glagow, a.a.O., S. 210.
116 Ebenda, S. 211.
117 Ebenda, S. 212.

118 Ronge, a.a.O., S. 102.
119 Gellen, a.a.O., S. 211.
120 Helmut Zschocke, Ungelöstes Problem der Umweltgestaltung in Westdeutschland; in: Hrsg. Manfred Glagow, a.a.O., S. 156.
121 Vgl. Gellen, a.a.O., S. 207.
122 Gellen, a.a.O.
123 Ebenda, S. 209.
124 Ebenda, S. 208.
125 Ronge, a.a.O., S. 114.
126 Ebenda, S. 109.
127 Kade, a.a.O., S. 139 f.
128 Kofler, a.a.O., S. 157.
129 Mallet, a.a.O., S. 175 f.
130 Vgl. Dennis Meadows, Die Grenzen des Wachstums, Bericht des Club of Rome zur Lage der Menschheit, Stuttgart 1972.
131 Meadows, a.a.O., S. 129.
132 Meadows, a.a.O., S. 142.
133 Marx, Das Kapital, 1. Bd., a.a.O., S. 351.
134 Vgl. Brenner, a.a.O., Darstellung 2, S. 19.
135 Mallet, a.a.O., S. 123.
136 Ebenda, S. 141.
137 Ebenda, S. 153.
138 Marx, Das Kapital, 3. Bd., a.a.O., S. 297 f.
139 Tjaden-Steinhauer / Tjaden, Zur Analyse der Sozialstruktur des deutschen Kapitalismus; in: Das Argument 61, 1970, Heft 9/10, S. 658.
140 Ebenda, S. 662.
141 Zur Diskussion um den Inhalt des Begriffs „Arbeiterklasse“ und zu Strukturveränderungen in der westdeutschen Arbeiterklasse, s. ebenda, S. 681.
142 Ebenda, S. 693.
143 Frank Deppe und Hellmuth Lange, Zur Soziologie des Arbeiter- und Klassenkampfbewußtseins, 2. Teil; in: Das Argument 62, 1970, Heft 11/12, S. 821.
144 Images de la société et classes sociales, Berne 1957.
145 Deppe/Lange, a.a.O., 1. Teil; in: Das Argument 61, 1970, Heft 9/10, S. 704.
146 Sweezy, Theorie der kapitalistischen Entwicklung, a.a.O., S. 306 f.
147 Vgl. Ferdinand Lundberg, Die Reichen und die Superreichen, Frankfurt/Main 1971.
148 Jung, a.a.O., S. 681.
149 Eli Ginzberg, Technischer Fortschritt und Beschäftigung in den USA, a.a.O., S. 161.
150 Ebenda, S. 162.
151 Ebenda.
152 Sweezy, a.a.O., S. 329.
153 Zit. bei Sweezy, a.a.O., S. 332.

154 Ebenda.
155 Ebenda, S. 334.
156 Tjaden-Steinhauer / Tjaden, a.a.O., S. 663.
157 Gramsci, a.a.O., S. 403.
158 Vgl. Darcy Ribeiro, Der zivilisatorische Prozeß, Frankfurt/M. 1971.
159 Schuon, Wissenschaft, Politik und wissenschaftliche Politik, a.a.O., S. 30 f.
160 Sweezy, a.a.O., S. 294.
161 Der 18. Brumaire des Louis Bonaparte; in: Marx/Engels, Ausgewählte Werke, Moskau 1971, S. 124.
162 Rosa Luxemburg, Gesammelte Werke, Berlin 1925, 3. Bd., S. 56; zitiert nach: Sweezy, a.a.O., S. 294 f.
163 Hendrich, a.a.O.
164 Sweezy, a.a.O., S. 323 ff.
165 Ebenda, S. 324.
166 Vgl. Der Imperialismus als höchstes Stadium des Kapitalismus, VIII. Kapitelüberschrift; in: a.a.O., S. 260.
167 Ebenda, S. 261.
168 Ebenda, S. 260 f.

LITERATURVERZEICHNIS

Automation — Risiko und Chance, Beiträge zur zweiten internationalen Arbeitstagung der Industriegewerkschaft Metall für die Bundesrepublik Deutschland über Rationalisierung, Automatisierung und technischen Fortschritt 16. bis 19. März 1965 in Oberhausen, Frankfurt/M. 1965; mit Beiträgen von Otto Brenner, Eli Ginzberg u. a.

Benjamin, Walter, Illuminationen, Frankfurt/M. 1961; insbesondere: Das Kunstwerk im Zeitalter seiner technischen Reproduzierbarkeit.

Brecht, Bertholt, Der Rundfunk als Kommunikationsapparat; in: ders., Gesammelte Werke 18 (Schriften zur Literatur und Kunst I), Frankfurt/M. 1967.

Deppe, Frank / Lange, Hellmuth, Zur Soziologie des Arbeiter- und Klassenkampfbewußtseins; in: Das Argument 61 und 62, 1970, Heft 9/10 und 11/12.

Frank, Andre Grunder, Kapitalismus und Unterentwicklung in Lateinamerika, Frankfurt/M. 1969.

Glagow, Manfred, Hrsg., Umweltgefährdung und Gesellschaftssystem, München 1972; mit Beiträgen von Gellen, Kade, Ronge, Zschocke u. a.

Gramsci, Antonio, Philosophie der Praxis — Eine Auswahl, Frankfurt/M. 1967.

Habermas, Jürgen, Strukturwandel der Öffentlichkeit, Neuwied - Berlin '71.

Haug, Wolfgang Fritz, Zur Kritik der Warenästhetik; in: Kursbuch 20, '70.

Ders., Funktionen des Ästhetischen zur Scheinlösung von Grundwidersprüchen der kapitalistischen Gesellschaft; in: Das Argument 64, 1971.

Ders., Kritik der Warenästhetik, Frankfurt/M. 1971.

Hendrich, Hermann, Entwicklungen für integrierte Fertigungssysteme; Sonderdruck aus Maschinenwelt-Elektrotechnik, Wien 1971, Heft 1.

Hepp, Robert, Selbstherrlichkeit und Selbstbedienung, München 1971.

Jung, Heinz, Zur Diskussion um den Begriff »Arbeiterklasse« und zu Strukturveränderungen in der westdeutschen Arbeiterklasse; in: Das Argument 61, 1970, Heft 9/10.

Ders. u. a., Kampfaktionen der westdeutschen Arbeiterklasse 1966 bis 1970; in: Das Argument 62, 1970, Heft 11/12.

Kilian, Hans, Das enteignete Bewußtsein, Neuwied - Berlin 1971.

Kofler, Leo, Technologische Rationalität im Spätkapitalismus, Frankfurt/M. 1971.

Künzel, Ulrich, Der Dollar-Imperialismus, Neuwied - Berlin 1968.

Leisewitz, André, Die Auswirkungen der Verwissenschaftlichung der Produktion auf die Monopolbildung und auf das Verhältnis Ökonomie und Politik, am Beispiel der chemischen Industrie; in: Das Argument 73, 1972, Heft 5/6.

Lenin, W. I., Der Imperialismus als höchstes Stadium des Kapitalismus; in: ders., Ausgewählte Werke, Moskau 1969.

Lundberg, Ferdinand, Die Reichen und die Superreichen, Frankfurt/M. 1971.

Mallet, Serge, Die neue Arbeiterklasse, Neuwied - Berlin 1972.

Marx, Karl, Grundrisse der Kritik der politischen Ökonomie, Nachdruck der 1939 bis 1941 im Verlag für fremdsprachige Literatur, Moskau, erschienenen Ausgabe, Frankfurt/M. - Wien o. J.

Ders., Das Kapital — Kritik der politischen Ökonomie, 3 Bde., MEW 23-25.

Ders., Der 18. Brumaire des Louis Bonaparte; in: Marx/Engels, Ausgewählte Werke, Moskau 1971.

Meadows, Dennis, Die Grenzen des Wachstums, Bericht des Club of Rome zur Lage der Menschheit, Stuttgart 1972.

Prager, Theodor, Konkurrenz und Konvergenz, Wien 1972.

Produktivität und Rationalisierung, herausgegebn vom Rationalisierungskuratorium der Deutschen Wirtschaft e.V., Frankfurt/M. 1971; mit Beiträgen von Trescher, Zellekens u. a.

Prokop, Dieter, Hrsg., Massenkommunikationsforschung 1, Frankfurt/M. 1972; mit Beiträgen von Adorno, Prokop u. a.

Ribeiro, Darcy, Der zivilisatorische Prozeß, Frankfurt/M. 1971.

Richta, Rodovan, Hrsg., Politische Ökonomie des 20. Jahrhunderts, Frankfurt/M. 1971.

Ders., Technischer Fortschritt und industrielle Gesellschaft, Frankfurt 1972.

Schuon, Karl Theodor, Wissenschaft, Politik und wissenschaftliche Politik, Köln 1972.

Shibata, Shingo, Zur Theorie der Informationsrevolution; in: Deutsche Zeitschrift für Philosophie, Berlin (DDR) 1972, 20. Jg., Heft 7.

Sohn-Rethel, Alfred, Geistige und körperliche Arbeit, Frankfurt/M. 1970.

Stiebitz, Rüdiger, Ästhetik und Erziehung zur Gewalt; in: Ästhetik und Gewalt, Gütersloh 1970.

Sweezy, Paul M., Theorie der kapitalistischen Entwicklung, Frankfurt/M. 1970.

Tjaden-Steinhauer / Tjaden, Zur Analyse der Sozialstruktur des deutschen Kapitalismus; in: Das Argument 61, 1970, Heft 9/10.

PERSONENREGISTER

SACHREGISTER

Reihe Politische Analysen
herausgegeben von E. M. Spannraft

ISBN 3—921121—26—4
272 Seiten, Pb., DM 12,80

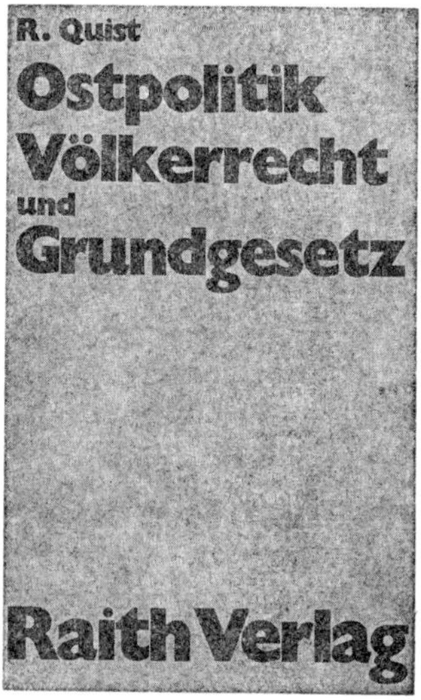

»Eine . . . alle wesentlichen Argumente für und gegen die Ostverträge enthaltende, das Schrifttum bis Anfang 1972 gut verarbeitende und von einer einheitlichen Grundkonzeption getragene Schrift! Sie bietet den . . . Vorteil einer . . . interessierten Öffentlichkeit einen klaren Überblick über die . . . Probleme zu geben, die in der Diskussion über die Ostverträge eine Rolle spielen.«

Eberhard Menzel in der Juristenzeitung 23/24 1972

ISBN 3—921121—10—8
248 Seiten, Pb., DM 11,80

Methoden der Wissenschaft von der Politik. Die Idee der Demokratie, ihre sozialen Grundlagen, ihre historischen Formen, Verformungen und Krisen, aktuelle Reformdiskussion und Systemkritik. Politische Ordnungsformen der Gegenwart und Grundlagen der internationalen Beziehungen. Mit Dokumenten und Quellentexten von: Montesquieu, Rousseau, Burke, Michels, Max Weber, Mussolini, Hitler, Marx, Mao Tse-Tung, Schumpeter, Fraenkel, Agnoli, Senghaas, H. J. Morgenthau.